Herderbücherei

Band 1387

Über das Buch

Wir träumen nicht nur nachts. Wenn wir uns meditativ entspannen, können wir auch am Tage Phantasie-Reisen und Träume erleben, die uns ungeahnte Lebenskräfte zuführen. Das vorliegende Taschenbuch zeigt, wie wir jederzeit durch ein Tor in die phantastische Innenwelt unseres Bewußtseins eintreten können. Jahrtausendealte mythische Symbole, wie Brunnen, Baum, Insel, werden so zum Ausgangspunkt für eine Tiefenreise, aus der wir in kürzester Zeit erfrischt, gestärkt und mit neuem Bewußtsein in unseren Alltag zurückkehren. Das hat der Autor an sich selbst und in seiner therapeutischen Arbeit vielfach erprobt. Es lohnt sich, das „Meditieren mit Phantasie" zu lernen. Diese Einführung macht es leicht.

Über den Autor

Dr. Günter Harnisch ist Leiter der Gesellschaft für Aktive Traumimagination, Traumforschung und -therapie. Er arbeitet mit Erwachsenen- und Kindergruppen nach der hier beschriebenen Tagtraummethode.
Weitere Bücher des Autors: Schulstreß. Praktische Hilfen für Lehrer, Erzieher und Eltern – Erziehung der Gefühle mit Unterrichtsbeispielen – Träume lösen Lebenskrisen. – Vertrau dich deinen Träumen an. – Tagträume als Lebenshilfe.

Günter Harnisch

Meditieren mit Phantasie

Anleitung zum Tag-Traum-Reisen

Herderbücherei

Originalausgabe
erstmals veröffentlicht als Herder-Taschenbuch

Buchumschlag: Walter Emmrich
Grafiken: Katharina Harnisch

Herder Freiburg · Basel · Wien
Herstellung: Freiburger Graphische Betriebe 1987
ISBN 3-451-08387-6

Ein Buch muß die Axt sein
für das geforene Meer in uns.

Franz Kafka

Inhalt

1. **Einführung** 9

2. **Vom Reisen** 12

3. **Reisen ohne Ortsveränderung?** 15

4. **Tag-Traum-Reisen: Möglichkeit zur Bewußtseinsänderung oder unverbindliche Spielerei?** 18

5. **Tag-Traum-Reisen: Eine Chance zur Heilung und Selbstentfaltung** . . 22

6. **Ralf: ein Beispiel aus der Tag-Traum-Therapie** . . 23
6.1 Der Weg durch das Chaos 23
6.2 Die Auseinandersetzung mit Tieren 28
6.3 Bilder, die Störungen des Selbstwertgefühls darstellen 31
6.4 Tag-Traum-Wanderung durch ein Haus 32

7. **Die Tiefenentspannung als Voraussetzung für Tag-Traum-Reisen** 38
7.1 Das Autogene Training 40
7.2 Die Meditation 43
7.3 Musik als Entspannungshilfe 46

8. **Anleitungen für Ihre Tag-Traum-Reisen** 50
8.1 Wählen Sie am Anfang möglichst einfache Ziele 50
8.2 Das Einstellen des Reiseziels 51

9. Mythen, Märchen, Träume: Was sie für uns bedeuten 54
9.1 Mythen unserer Zeit 55
9.2 Tarzan – ein moderner Mythenheld 56
9.3 Der Tarzan-Mythos im Tag-Traum-Erleben . . 59

10. Mandalas: Verweilzeichen 61
10.1 Ein Mandala auf dem Boden der Kathedrale von Chartres 65
10.2 Mandalas im Tag-Traum-Erleben 67
10.3 Das Sonnenzeichen in diesem Buch: Ein Mandala 68

11. Tag-Traum-Reise: Durch ein Tor gehen 70
11.1 Märchen: Schlüssel zum Tor 72
11.2 Beispiele aus der therapeutischen Praxis 75

12. Tag-Traum-Reise in den Garten Eden 83
12.1 Der Paradiesmythos der Bibel 86
12.2 Die Symbolbedeutung der Schlange 87
12.3 Der Baum ist ein Abbild des Lebens 90
12.4 Der Garten Eden im Tag-Traum-Erleben . . . 92

13. Tag-Traum-Reiseziel: Der Brunnen 97
13.1 Wenn niemand mehr weiß, wie ein Brunnen aussieht 97
13.2 Das Brunnenmotiv in den Träumen, Mythen und Märchen 100
13.3 Der Brunnen als therapeutisches Tag-Traum-Reiseziel 102

14. Tag-Traum-Reise auf eine Insel 107
14.1 Die Geisterinsel: Ein Südseemärchen 108
14.2 Die Insel im Tag-Traum-Erleben 121

Anmerkungen 123
Literatur 124

1. Einführung

Dieses Buch ist ein Buch gegen die Lieblosigkeit, gegen die Kälte, die sich im Zusammenleben der Menschen ausbreitet und die Beziehungen erstarren läßt.

Menschliches Leben bedeutet mehr als nur beruflich und privat reibungslos zu funktionieren. Das Zusammenleben der Menschen wird unmenschlich, wenn es sich auf den Austausch ritueller Formeln oder auf das gemeinsame Angeschlossensein an die allumfassenden Medien beschränkt. Ohne den festen Willen, dem anderen im Gespräch wirklich zuzuhören, sich ihm zuzuwenden, bleibt jede menschliche Beziehung zum Erfrieren verurteilt.

Immer mehr Menschen erkennen diese verhängnisvolle Entwicklung in einer Welt, die immer weniger Möglichkeiten bietet, reale Erfahrungen „aus erster Hand" zu erleben. Sie finden sich in Gruppen zusammen oder versuchen allein, mit oder ohne therapeutische Hilfe, zurück zu den Quellen zu finden, aus denen die Menschen seit Jahrtausenden ihre Kraft schöpften. Sie hören auf ihre Träume und setzen sich aktiv mit deren Botschaften auseinander. Wir sind dabei ja nicht allein auf unsere nächtlichen Bilder angewiesen, die jeder Mensch regelmäßig erlebt, aber sie meist schnell wieder vergißt. In entspanntem Zustand haben wir die Möglichkeit, Kontakt zu jenen Schichten unserer Persönlichkeit neu aufzunehmen, zu denen wir den Zugang über all unserer Geschäftigkeit verloren haben. Was die Menschen auf ihren Tag-Traum-Reisen erleben, ist im Grunde genau das, was die Mythen, Märchen und Träume den Menschen seit Jahrtausenden sagen und was die Dichter aller Zeiten aufgeschrieben haben.

Tag-Traum-Reisen sind eine in der Therapie erprobte und inzwischen in immer weiteren Kreisen erfolgreich angewandte Methode, sich mit seinen inneren Bildern auseinanderzusetzen, so neue Kraft zu schöpfen, sich selbst zu erkennen, seelische Konflikte aufzulösen, sich von psychisch bedingten Krankheitssymptomen zu befreien.

Dieses Buch erklärt an Beispielen aus der therapeutischen Praxis, wie Tag-Traum-Reisen wirken, und wie Sie sie selbst durchführen können. Es stellt Beziehungen her zu den alten Mythen, Märchen, Träumen, bis hin zur Literatur unserer Zeit. Tagtraum und Dichtung sprechen in ähnlicher Weise tiefe archaische emotionale Schichten in uns an. Literatur und Tagtraum, beide geben uns die Chance, ungelebte Seiten in uns zu leben, spielerisch, unverbindlich probehandelnd zunächst. Wir stoßen dabei auf ganz neue Erfahrungen, an denen wir uns weiterentwickeln können.

Dieses Buch möchte den Leser nicht nur über seinen Verstand erreichen, sondern ihn ermutigen, sich meditativ auf dieses eigenartige Geschehen einzulassen, das zwischen Autor und Leser abläuft. Haltepunkte, Verweilzonen, Verse, literarische Fragmente und nicht zuletzt die Gestaltung der Bilder sollen ihm dabei immer wieder Freiraum lassen für seinen eigenen ganz persönlichen Weg, Tagträume zu erleben und Phantasiekräfte zu entfalten.

Lesen, so verstanden, ist immer auch ein Stück Therapie.

Ich danke den Teilnehmern meiner Erwachsenen- und Kindergruppen. Im lebendigen Austausch mit ihnen habe ich viel gelernt.

In den hier wiedergegebenen Tag-Traum-Beispielen sind die Namen und die persönlichen Umstände verändert worden.

Steinfurt, im April 1987 *Dr. Günter Harnisch*

2. Vom Reisen

Reisen ist eines der uralten Bedürfnisse der Menschheit. Vom Hunger erzwungen ursprünglich, von der Notwendigkeit des Erschließens neuer Nahrungsquellen bei den Nomaden, bis hin zu den Urlaubsreisen in unserer Zeit führt ein weiter Weg durch die Geschichte der Menschen. Früh schon, im althochdeutschen Sprachgebrauch, auch im englischen und in vielen anderen Sprachen, war Reisen eng mit der Vorstellung von Aufbruch verbunden. Es bedeutete so viel wie sich erheben, laufen, rennen. Später sah man die Sache militärischer: Die „Reisigen" waren berittene und bewaffnete Söldner auf ihrem Kriegs- und Beutezug quer durch die Länder und durch die Jahrhunderte.

Wie unterschiedliche Motive die Menschen zum Reisen veranlaßten, läßt sich am besten an der Reiseliteratur ablesen, die uns aus den verschiedensten Kulturräumen überliefert ist. Sie war zunächst kaum von Dichtung zu unterscheiden und enthielt Elemente der Abenteuererzählung und der Fabel.

Ansätze exakter Reiseberichte kennen wir schon aus der Antike (bei Herodot). Überliefert sind Reisebeschreibungen buddhistischer Mönche über Asien aus dem Jahre 399 nach Christus. Der Bericht des Venezianers Marco Polo über Reisen zum Ostrand der Alten Welt ab 1271 prägte die Vorstellungen entscheidend, die man sich bis in das 16. Jahrhundert über China,

Zentralasien und Indien machte. Wir kennen Reiseberichte aus dem Zeitalter der Entdeckungen, etwa über die erste Weltumsegelung durch Magalhães. Aus dem 16. bis 18. Jahrhundert stammen die Berichte über die „große Reise“ durch Europa, die damals zur Bildung eines jungen Mannes von Stand gehörte. Noch später finden die Abenteuer-Romane, die Robinsonaden und See-Romane weite Verbreitung (Defoe, Sterne); Goethes Buch über die „Italienische Reise“ schloß sich an, und es folgten die schon fast klassischen Reiseberichte von Heine, Nachtigal, Livingstone, Stanley, Nansen, Sven Hedin, Kaiserling und Kipling.

Und in unserer Zeit? – Reisen ist problemlos geworden. Es hat viel von seinem Abenteuercharakter verloren, seit die modernen Verkehrsmittel und Kommunikationsmedien die Kontinente auf eine minimale Distanz zusammenrückten. Dennoch: geblieben ist diese Neugier auf das Unbekannte, auf das Abenteuer, wenngleich es kaum noch echte Risiken birgt, die Sehnsucht nach dem Fremden, das wir nie ganz begreifen werden, vielleicht der Wunsch, ein wenig von dem wiederzufinden, was uns verlorengegangen ist und was wir bei den Naturvölkern noch zu finden hoffen –: den Zugang zu unseren Ursprüngen, zu den Quellen des Menschseins, die wir am reinsten nur noch in den Mythen und Märchen der Völker finden.

Bei vielen Menschen ist der Wunsch zu reisen von der Absicht bestimmt, neue Rollen auszuprobieren, ein anderer Mensch zu sein; eine ähnliche Motivation, wie sie bei Maskenfesten im Karneval oder Fasching erkennbar wird.

Lassen Sie uns auf die Reise gehen, um diese Ursprünge des Menschseins wieder zu entdecken und zu erleben. Wir können das tun, ohne dabei die geringste Ortsveränderung vorzunehmen. Und doch wird diese Reise in das Land der Phantasie für Sie persönlich wahrscheinlich weit wertvoller sein als die zahllosen realen Auslandsreisen moderner Massentouristen, die überall alles so wie zu Hause vorzufinden wünschen und es darüber versäumen, sich selbst zu begegnen.

Beim Reisen ist ja im Grunde nicht das Ankommen das Wichtigste, sondern der Aufbruch, das Unterwegssein, die Wanderung. Wir kennen das aus den Märchen. In unserem realen Leben gilt nichts anderes: Wir sind unterwegs, solange wir leben. Oder umgekehrt ausgedrückt: Solange wir unterwegs sind, leben wir. Nur wer nicht mehr bereit ist, erreichte Positionen in Frage zu stellen, wer nicht mehr neugierig auf Neues ist, der beginnt zu erstarren, der beginnt zu sterben.

3. Reisen ohne Ortsveränderung?

Was sind das nun für eigenartige Reisen, die sich allein in unserer Phantasie ereignen, ohne daß wir einen einzigen Schritt vor unsere Tür setzen? – Obwohl wir keinerlei Raumveränderungen mit unsrem Körper vornehmen, führen sie uns doch in fremde Länder und Kulturräume, in weit zurückliegende Zeiten oder in die Zukunft. In unseren Phantasiereisen ist die Zeit wie eine Leiste, auf der man beliebig vor- und zurückgehen kann. Eine eigenartige Vorstellung von Zeit, gewiß. Und doch zeigt sich, daß sie mit den modernsten Erkenntnissen der Physik in Einklang zu bringen ist.

Nein, diese Art des Reisens ist kein Vorrecht für Phantasten, für Menschen, die aus der Wirklichkeit ihres Lebens flüchten. C. G. Jung hat einmal gesagt, die Jahre, in denen er die Welt seiner inneren Imaginationen durchreist habe, gehörten zu den wichtigsten in seinem ganzen Leben. Sein ganzes späteres Werk baut sich auf den Reise-Erfahrungen dieser Jahre auf.

Wir gehen auf diesen Reisen durch alle Höhen und Tiefen des menschlichen Daseins. Wir erleben Begegnungen mit Dämonen und mit sagenhaften Gestalten, mit allerlei Fabelwesen, wie sie uns aus der Welt der Mythen und Märchen aller Länder bekannt sind. Wir gehen durch alle Wirrnisse und Klarheiten, die das Leben bereithält.

Dantes „Göttliche Kommödie“ gibt vielleicht am

ehesten ein Bild von den Höhen und Tiefen, die auf symbolhafter Ebene bei vollem Bewußtsein und dennoch wie im Traum durchlebt werden.

Martin Buber erzählt in einem seiner Bücher[1] die alte chassidische Geschichte von einem frommen Juden, Eisik hieß er, Eisik Sohn Jekels.

Im Traum erhielt dieser Mann den Befehl, nach Prag zu reisen. Dort sollte er unter einer Brücke, die zum Königsschloß führte, nach einem Schatz suchen. Als dieser Traum zum drittenmal wiederkehrte, machte sich Eisik auf den Weg. Er wanderte nach Prag. Er ging zu der Brücke, die zum Königsschloß führte. Aber dort standen Tag und Nacht Wachtposten. Deshalb getraute er sich nicht, nach dem Schatz zu graben. Dennoch ging er jeden Morgen aufs neue zur Brücke und umkreiste sie bis zum Abend. Irgendwann fragte ihn der Hauptmann der Wache, auf sein Treiben aufmerksam geworden, freundlich, ob er hier etwas suche, oder ob er auf jemanden warte. Da erzählte ihm Eisik von seinem Traum, der ihn aus fernem Land bis hierher geführt habe. Der Hauptmann lachte: „Und da bist du armer Kerl mit deinen zerfetzten Sohlen einem Traum zuliebe hergepilgert! Ja, wer seinen Träumen traut! Da hätte ich mich ja auch schon auf die Beine machen müssen, als ich einmal im Traum den Befehl bekam, nach Krakau zu wandern und in der Stube eines Juden, Eisik Sohn Jekels sollte er heißen, unterm Ofen nach einem Schatz zu graben. Eisik Sohn Jekels! Ich kann mir vorstellen, wie ich drüben in Krakau, wo die eine Hälfte der Juden Eisik und die andere Jekel heißt, alle Häuser aufreiße und nach dem Schatz suche!"

Der Hauptmann lachte wieder. Eisik aber verneigte sich, wanderte nach Hause zurück, grub den Schatz aus und baute das Bethaus, das Reb Eisik Reb Jekels Schul heißt.

So suchen die Menschen: Gott, die Wahrheit, das Glück, den Sinn des Lebens, den Fortschritt, sich selbst. Und sie reisen und reisen – um die halbe Welt manche. Und sie suchen. Manchmal wird aus der Suche eine Flucht, unbemerkt, über all der Hektik, über all den Reisevorbereitungen, den Mühen, die auch heute noch mit dem Reisen verbunden sind, trotz Jet-Set und Technik.

Ob sich das Ziel der Reise, wenn es ein solches gibt, nicht zu Hause eher erreichen ließe? – Wir können auch zu Hause unterwegs sein: Reisen, ohne unseren Standort körperlich zu verändern. Der Traum, der Gedanke, das Wort, die Meditation, das In-Sich-Hinein-hören-Können, die Stille aushalten, das alles sind fast vergessene Möglichkeiten, sich fortzubewegen, sich zu entwickeln, zu reisen.

Es gibt etwas, das man nur an einem einzigen Ort in der Welt finden kann. Es ist ein großer Schatz. Man kann ihn Erfüllung nennen oder Glück oder Weisheit oder den Weg oder das Ziel. Der Ort, an dem dieser Schatz zu finden ist, ist der Ort, wo wir stehen, hier, jetzt, nirgendwo sonst.

4. Tag-Traum-Reisen: Möglichkeit zur Bewußtseinsänderung oder unverbindliche Spielerei?

Das Menschenherz kann über alle Weiten
bis zu Gott hinaufreichen.
Finster und kalt mag es sein,
aber dies ist kein Winter jetzt.
Das eingefrorene Elend von Jahrhunderten
birst, kracht, beginnt sich zu regen.
Der Donner ist der Donner des treibenden Eises,
der Schneeschmelze, der Flut,
des Emporkömmlings Frühling ...

Was ist euer Ziel? Es braucht
so viel Jahrtausende um aufzuwachen.
Aber wacht auf, um der Barmherzigkeit willen.

Christopher Fry, Ein Schlaf Gefangener, Frankfurt/M. 1952, S. 57f.

Vielleicht werden Sie sagen: „Ich kann gut ohne solche bewußtseinserweiternde Reisen leben. Ich finde mich auch so in der Welt zurecht." – Damit haben Sie ganz sicher recht. Niemand muß reisen, weder in der Wirklichkeit noch in der Phantasie. Aber wer reist, gewinnt neue Perspektiven für sein Leben. Bisher unbekannte, unerkannte Möglichkeiten öffnen sich ihm. Er erhält die Chance, für sein ganz persönliches Leben wichtige Botschaften zu erfahren, die er über all den äußeren Sinneseindrücken, Stressen und Reizüberflutungen seines Alltagslebens nicht wahrnehmen kann.

Viele Menschen, die lange Jahre unter Krankheiten

litten, erlebten durch ihre Tag-Traum-Reisen Heilung. Das mag auf den ersten Blick erstaunlich klingen. Aber es erscheint einleuchtend, wenn wir uns vergegenwärtigen, daß die Ursachen für die meisten, wenn nicht sogar für alle Krankheiten im psychischen Bereich liegen: eine Tatsache, die die Schulmedizin nur zögernd akzeptiert. Man kuriert dort lieber nach wie vor an Symptomen und verliert über all den Apparaten und diagnostischen Möglichkeiten den Blick dafür, daß hinter jedem Symptom ein Mensch steht, der leidet, und der sein oft unaussprechliches Leiden auf dem Weg über das Krankheitssymptom mitteilt. Wenn ein solcher Mensch auf seinen Tag-Traum-Reisen endlich die Botschaft hört, die er bisher stets überhört hat und die seine Psyche deshalb in der Symptomsprache aussagen mußte, so ist ihm damit manchmal schon geholfen: Sein Symptom wird überflüssig. Er kann auf seine in der Körpersprache versteckte Aussage verzichten.

Oft ist diese Heilung mit einem Kampf verbunden. Die Selbstheilungskräfte des Patienten müssen erst wieder geweckt und gestärkt werden, ehe dieser Mensch sich energisch und konsequent um seine Heilung bemüht. Krankheit ist ja nicht nur unangenehm, sondern sie verschafft uns oft ein Alibi: „Ich möchte ja gern, aber ich kann nicht, weil ich krank bin.“ Krankheit ist in unserer Gesellschaft ein voll akzeptierter Grund, eine geforderte Leistung nicht zu erbringen. Würde jemand sagen: „Ich arbeite heute nicht, weil ich Ruhe brauche um nachzudenken“, so würde kaum jemand für diesen Entschluß Verständnis aufbringen.

Die Zahl der Beispiele ließe sich beliebig fortsetzen:

Menschen üben mit Hilfe von Krankheitssymptomen Druck auf ihren Partner aus, entziehen sich ihm, trotzen, drohen und erpressen, indem sie die Rolle des Hilflosen spielen. Sie gewinnen so Macht über den anderen – aus der Position ihrer eigenen Schwäche heraus. Und anstatt wegen solcher kriminellen Praktiken von ihrer Umgebung verurteilt zu werden, erfahren sie Mitleid und erhöhte Zuwendung. Wenn das kein Anreiz ist, krank zu werden!

Natürlich läßt sich Krankheit nicht immer auf solche Ursachen zurückführen. Sie kann auch auf anderen unbewußten Fehleinstellungen, auf Hoffnungslosigkeit, Enttäuschung, Resignation, Selbstaufgabe, Überforderung, fehlender Zuwendung, auf unabwendbaren Schicksalsschlägen, angeborenen Übeln und vielen Gründen mehr beruhen. In jedem Falle ist es ein persönlicher Gewinn für Betroffene, diesen Ursachen nachzugehen.

Nicht selten führen die Tag-Traum-Reisen zu Heilungen, ohne den Patienten Botschaften über die Ursachen ihrer Krankheit vermittelt zu haben. Professor Hanscarl Leuner, der seine Patienten seit vielen Jahren durch die Bildwelt ihrer Psyche führt, berichtet immer wieder von der Heilwirkung des Wassers, dem sich seine Patienten im Bild-Erleben aussetzen. Sie wurden von Hautausschlägen und anderen Krankheiten geheilt, nachdem sie wiederholt auf ihren Traum-Reisen Bäder nahmen, die sie als besonders erfrischend und heilsam empfanden.

Nun sind solche Heilungen ohne Einsicht in die Problemzusammenhänge und in die krankmachenden Lebensumstände sicherlich eher Ausnahmen. In der Mehrzahl der Fälle vollzieht sich Heilung als innere

Entwicklung. Heilung bedeutet ja im Grunde nichts anderes als heil werden, einen Schritt also hin zur Ganzheit gehen, zur Vollendung, die kein Mensch je erreicht, der wir uns aber unser ganzes Leben lang annähern können, wenn dieses Leben nicht umsonst gewesen sein soll.

5. Tag-Traum-Reisen: Eine Chance zur Heilung und Selbstentfaltung

Angefangen bei Odysseus, Jona im Walfischbauch, über Dantes Göttliche Kommödie, bis hin zu Alice im Wunderland und zu Grimms Märchen: Im Grunde erzählen alle diese Märchen und Mythen auf exemplarischer und symbolhafter Ebene immer wieder die Geschichte der Entwicklung von Menschen, ihren persönlichen Weg durch Scheitern, Prüfungen, hin zur reifen Persönlichkeit. Jeder Mensch geht diesen Weg, soweit er nicht durch neurotische Blockierungen an seiner Entwicklung gehindert ist. Wo solche Hindernisse bestehen, lassen sie sich oftmals in der Tag-Traum-Therapie auflösen. Ein Prozeß des Heilens und des nachträglichen Reifens beginnt. Meist ist er mit dem Noch-Einmal-Durchleiden alter, verdrängter Konflikte verbunden. Das sind Wachstumsschmerzen, die wir in Kauf nehmen müssen auf unserem Weg zur Selbstentfaltung.

6. Ralf: Ein Beispiel aus der Tag-Traum-Therapie

Folgen wir dem Weg der Selbstentfaltung ein Stück weit am Beispiel eines jungen Mannes, Ralf, der mit 25 Jahren beruflich scheiterte, weil er nicht gelernt hatte, sich tatkräftig und kämpferisch durchzusetzen. Als zu gleicher Zeit seine Partnerschaft zerbrach, geriet er ziemlich aus der Fassung. Er begann zu trinken, verfiel körperlich, kümmerte sich um nichts mehr, wurde krank und verwahrloste zusehends.

Seine Therapie dauerte knapp ein Jahr. In den Tag-Traum-Reisen zeigten sich seine Probleme schon bald sehr deutlich: Die Ablösung von seiner als übermächtig empfundenen Mutter war noch nicht vollzogen.

6.1 Der Weg durch das Chaos

Auf seinen allerersten Reisen überwiegen chaotische Bilder und Erlebnisse: Während einer Wanderung droht der Boden unter ihm wegzubrechen, und Ralf kann mit knapper Not dem Absturz entgehen.

Schon in der fünften therapeutischen Sitzung erlebt Ralf eine Reise, die ihm deutlich seine Unfähigkeit zeigt, mit seinen Aggressionen umzugehen, sich angemessen zu wehren. Doch die Bedeutung dieser Tag-Traum-Reise erschöpft sich nicht in ihrer diagnostischen Aussage, sondern deutlich erkennbar geschieht hier schon ein Stück übenden Umgangs mit der eigenen Aggression gegenüber furchterregenden Gestalten. Der symbolische Aussagewert dieser Gestalten läßt sich im Einzelfall manchmal erkennen, wenn man mit der Sprache der Träume vertraut ist. Häufig stößt die Deutung aber bald an ihre Grenzen. Das schadet jedoch nicht, denn wichtiger und therapeutisch wirksamer als alles Deuten ist das emotionale Erleben der Traum-Bild-Situation. Über das Tagtraumgeschehen lösen sich Ängste in uns. Unverbindlich übend erlernen wir dabei neue Strategien, wie wir mit angstbesetzten Situationen fertig werden können. Später sind wir imstande, sie in unserem realen Leben auch dort anzuwenden, wo uns das bisher Schwierigkeiten bereitet hat.

Ralf stellt sich, nachdem er den Zustand tiefer Entspannung erreicht hat, das Bild einer Wiese am Waldrand vor. Er sieht schon bald saftiges grünes Gras vor sich im Sonnenschein inmitten einer üppigen Buschlandschaft. Ralf selbst sitzt im Cockpit eines Sportflugzeugs, das auf der Wiese steht und das er jetzt startet. Das Flugzeug rast über die Ebene und erhebt sich in die Lüfte. Es fliegt im Tiefflug über dichte Wälder. Ralf hat den Eindruck, er befinde sich über Afrika. Er landet auf einer Lichtung. Eingeborene umringen ihn, nachdem er das Flugzeug verlassen hat, und tanzen im Kreis um ihn. Sie tragen Masken und bemalte Schilde. Die Situation erscheint Ralf unklar und furchterregend, da er nicht weiß, ob es sich bei diesem Tanz um ein Begrüßungszeremoniell handelt, oder ob sich hinter dem Geschehen Feindseligkeit verbirgt. Einer der Eingeborenen springt immer wieder aus dem Kreis heraus und auf Ralf zu, wie um ihn zu erschrecken. Jedesmal reißt er dabei bedrohlich weit seinen Mund auf und fletscht die Zähne. Nachdem sich dieser Vorgang mehrfach wiederholt hat, tritt Ralf aus seiner eher passiven Zuschauerrolle heraus und greift gestaltend in das Bildgeschehen ein: Er wirft dem Eingeborenen jedesmal ein Stück Zucker in den Mund, wenn dieser ihn gerade weit aufreißt. Irgendwann scheint der Eingeborene satt und müde zu sein. Er legt sich auf den Boden und schläft ein. Ralf steigt wieder in sein Flugzeug und fliegt zurück zu jener Wiese, auf der seine Reise begann.

Ralf beachtete zwei wichtige Grundsätze, die für den therapeutischen Erfolg der Tag-Traum-Reisen wichtig sind: Er blieb nicht nur passiver Zuschauer in seinem Tag-Traum-Erleben, sondern er griff aktiv gestaltend in das Geschehen ein, indem er den Eingeborenen, der ihm bedrohlich erschien, reichlich fütterte. Es gelang ihm so, die Situation zu entschärfen. Er wandte dabei das Prinzip des Nährens und Anreicherns an, das auf Professor Hanscarl Leuner zurückgeht und das sich für den Umgang mit furchterregenden Gestalten in der Tag-Traum-Therapie immer wieder empfiehlt[2].

Schon die nächste Sitzung konfrontiert Ralf mit einer ähnlichen Problematik, wenngleich sie sich in vollkommen anderen Bildern ausdrückt. Diesmal führt ihn seine Tag-Traum-Reise unversehens in eine Art Stierkampfarena. Er findet sich in hohem Gras liegend mitten zwischen bunten Sommerblumen. Doch plötzlich kommt ein Stier auf ihn zugerast. Noch ehe Ralf aufstehen kann, steht der Stier über ihm, und Ralf liegt hilflos zwischen den Beinen des Tieres. Irgendwie gelingt es ihm dann aber doch, sich aus dieser mißlichen

Lage zu befreien. Er rennt im Zickzack über die Wiese, um dem Stier zu entkommen. Der schwarze Stier tobt kraftvoll und elegant auf der Wiese umher. Ralf fühlt sich jetzt eher in die Rolle eines Toreros versetzt, der dem Stier geschickt auszuweichen versteht. Er gewinnt den Eindruck, der gefährlichen Situation am Ende wesentlich besser gewachsen zu sein als am Beginn der Bildszene. Offenbar hat sich ein von der vorhergehenden Sitzung ausgehender Übungseffekt bereits positiv ausgewirkt.

Was bedeuten nun dieser – möglicherweise – aggressive Eingeborene und der schwarze Stier in Ralfs Tag-Traum-Sprache? – Beide Gestalten können auf der Symbolebene als Sinnbild männlicher Kraft verstanden werden und die animalische Seite dieses jungen Mannes verkörpern, eben jenen Bereich, der ihm in seinem bisherigen Leben Schwierigkeiten bereitet hatte, weil Ralf ihn nicht in seine Gesamtpersönlichkeit integrieren konnte. So stand ihm seine Aggression dort nicht als kämpferisches Potential zur Verfügung, wo er sie gebraucht hätte. Auf der anderen Seite litt er immer wieder unter seinen ungekonnten aggressiven Durchbrüchen, die letztlich zum Scheitern seiner Partnerbeziehung geführt hatten.

Seine nächste Tag-Traum-Reise führt Ralf zu einem Haus, das inmitten der offenen Landschaft steht. Ralf betritt es über eine Veranda aus Holz. Durch ein Fenster schaut er hinaus auf die Felder. Plötzlich sieht er, wie eine Füchsin mit einem jungen Fuchs dicht an der Veranda vorbeigeht. Er denkt, daß diese Tiere wohl tollwütig sein müssen, weil sie sich so zahm in der Nähe von Menschen bewegen.

Ralf hat zunächst keine Vorstellung, was diese Bilder mit seinem persönlichen Leben zu tun haben könnten. Im nachhinein findet er jedoch selbst heraus, daß die Füchsin und der junge Fuchs seine Frau und seinen Sohn symbolisieren. Daß er beide Tiere für tollwütig hält, zeigt ihm deutlich die aggressive Gestörtheit in seiner Partnerbeziehung. Ralf nimmt sich vor, auf einer seiner nächsten Tag-Traum-Reisen die Bildszene mit der Füchsin erneut einzustellen und dann zu versuchen, mit dem Tier Kontakt aufzunehmen.

Dieses Vorhaben gelingt ihm schon bei einer seiner nächsten Reisen. Sie führt ihn an den Rand eines Waldes. In der Symbolsprache des Traumes und natürlich ebenso des Tagtraumes ist der Wald der Ort des Unbewußten, Verborgenen, Geheimnisvollen, Abenteuerlichen. Er spielt im Traumleben die gleiche Rolle wie in den vielen Märchen, in denen sich Menschen darin verirren und unheilvoll verstricken.

6.2 Die Auseinandersetzung mit Tieren

Ralf sieht an einer Stelle des Waldrandes eine dunkle Öffnung, die er zunächst nur mit großer Mühe in sein Blickfeld bekommt. Nach kurzer Zeit tritt ein Bär aus dem Wald heraus auf die Lichtung. Er legt sich auf den Rücken und kratzt sich das Fell. Ralf tritt näher heran und wirft dem Bären Fleischstücke in den Rachen, die das Tier annimmt. Schließlich trottet der Bär wieder in den Wald.

Statt dessen tritt weiter links eine Füchsin mit mehreren Jungen aus dem Gehölz. Ihr folgen etliche junge

Rehe. Ralf füttert sie alle mit Kastanien, bis auch sie wieder in den Wald zurückgehen.

Jetzt bemerkt Ralf noch weiter links am Waldrand eine Schlange. Sie kriecht über die Wiese. Ralf nähert sich ihr und beginnt sie zu füttern. Sie schnappt jedesmal nach Ralfs Hand. Dabei blähen sich ihr Kopf und ihr Hals bedrohlich auf. Irgendwann ist auch sie satt und legt sich friedlich in die Sonne. Ralf wagt nicht, sie anzufassen.

Er wendet sich wieder dem dunklen Loch am Waldrand zu und tritt näher. Von Nahem sieht es aus wie das riesige Genitale einer Frau oder wie eine gewaltige Afteröffnung. Ralf geht hinein. Er betritt eine Höhle. Dunkelheit, Enge und Wärme umgeben ihn. Er kommt nur langsam voran, fühlt jedoch, wie er selbst immer kleiner schrumpft, bis er schließlich nicht mehr vorhanden ist.

Ralf findet sich draußen auf der Wiese wieder. Er irrt zwischen hohen Gräsern und Kuhfladen umher. Er ist nach wie vor so klein wie ein Däumling und fragt sich, wie er seine richtige Größe zurückbekommen kann.

Nach langem Umherwandern auf der Wiese stößt er schließlich auf einen kleinen Teich, in den aus einem Holzrohr Wasser fließt. Ralf, der Däumling, stellt sich unter den Wasserzulauf. Sofort saugt sein Körper das ganze Wasser auf und wird überdimensional groß. Wie ein Riese liegt er am Rand des Tümpels, der jetzt leer ist, weil Ralfs Körper das ganze Wasser aufgesogen hat. Aus dem Zuflußrohr fließt kein neues Wasser mehr nach. Ralf wartet ab, was geschehen wird.

Bald beginnt das Wasser durch den Zulauf wieder zu fließen. Ralf stellt sich in den klar und kräftig strömenden Strahl. Dabei bekommt er seine normale Gestalt wieder. Der Teich läuft indessen voll.

Ralf badet in dem Teich. Auf dem Grund sieht er allerlei Meeresgetier: Hummer mit ihren gewaltigen Scheren, Tintenfische. Aale gleiten zwischen seinen Beinen hindurch und stippen ihn vorsichtig an. Plötzlich empfindet Ralf Angst, die Hummer könnten ihm mit ihren Scheren die Genitalien abschneiden. Tatsächlich gerät er mit dem Arm in eine Hummerschere. Mit Mühe gelingt es ihm, wieder freizukommen. Er badet weiter. Als er den Teich verläßt, liegen die Meerestiere schlaff und müde auf dem Grund, grau, mit Schlamm bedeckt, wie tot. Sie bewegen sich kaum noch.

Ralf erlebt auf dieser Reise schon eine gezielte Regression, die ihn in seiner Lebensgeschichte weit zurück in die Vergangenheit führt. Nach einer kurzen erneuten Auseinandersetzung mit seinem Aggressionsproblem gelangt er mitten hinein in seine frühe Kindheit: Da treten alte Kastrationsängste auf. Wohl jeder kleine Junge leidet irgendwann unter der Vorstellung, man könne ihm das abschneiden, was ihn sichtbar von den Mädchen unterscheidet. Der Psychiater Dr. Hoffmann hat dieses Problem in seinem weltberühmt gewordenen Struwwelpeter-Buch in der Geschichte vom Daumenlutscher, dem der Daumen abgeschnitten wird, symbolisch abgehandelt – zu brutal, sagen manche Kritiker dieser frühen Kinderliteratur. Aber die Märchen sind nicht weniger grausam. Dennoch üben sie eindeutig eine positive Wirkung auf die Entwicklung unserer Kinder aus. Sie nehmen die Ängste der jungen Menschen ernst. Sie verniedlichen nicht. Sie helfen nicht zu verdrängen, sondern sie fördern die emotionale Entwicklung, weil sie zulassen, daß die

Kinder ihre Ängste und Konflikte ausagieren und sich damit von ihnen befreien – spielerisch, unverbindlich, auf der Symbolebene handelnd.

6.3 Bilder, die Störungen des Selbstwertgefühls darstellen

Das Schrumpfen und Anwachsen auf überdimensionale Größe gehört in eine frühe Phase der Kindheit, in der sich das Selbstwertgefühl entwickelt. Die Kinder spüren in dieser Zeit, welche Kraft in ihnen steckt. Dennoch stoßen sie schnell an ihre Grenzen, die ihnen die körperlich weit größeren und stärkeren Erwachsenen setzen. Dieses Gefühl unbändiger Kraft, das sich in der Eroberung der Welt erproben möchte und doch immer wieder wirkungslos verpufft, führt bei fast allen Kindern zu Größenphantasien, die abgelöst werden von dem Gefühl ohnmächtiger Kleinheit. Über das emotionale Erleben beider Extremformen bildet sich nach und nach ein gesundes Selbstwertgefühl heraus. In den Märchen und in der klassischen Kinderliteratur finden wir diese Situation in der Geschichte vom Däumling wieder oder in Gullivers Reisen in das Land der Riesen und der Zwerge oder in den Erlebnissen des Mädchens Alice im Wunderland.

Ralf, der in der Tat als Erwachsener unter Störungen seines Selbstwertgefühls litt und sich als überflüssig, leistungsunfähig und minderwertig empfand, durchlebt in seinen Tag-Traum-Reisen die Däumlingssituation in diesem eigenartigen Schrumpfungs- und Ausdehnungsprozeß noch einmal. Er findet auf diese Weise zu einem ausgeglichenen, angemessenen Selbstwertgefühl. Sobald dieses Ziel erreicht ist, erlebt er keine „Gulliverreisen“ mehr. Schon am Ende dieser Tag-Traum-Reise findet er seine reale Gestalt wieder, indem er sich immer wieder dem klaren Wasser aussetzt, das in der Traumsymbolik meist psychische Energien verkörpert. Ralf nutzt diese Energien voll. Er wächst und reift dabei: Die Meerestiere, die ihn anfangs so in Panik versetzten, verlieren ihre angsterregende Kraft. Grau, hilflos, schlammbedeckt und ohnmächtig liegen sie am Boden. Ihre negative Wirkung ist erloschen. In der Märchensprache würden wir sagen: Der böse Zauber ist gebrochen.

6.4 Tag-Traum-Wanderung durch ein Haus

Doch Ralf ist noch nicht am Ziel. Neue Prüfungen warten auf ihn: Auf einer späteren Tag-Traum-Wanderung durch eine wunderschöne Waldlandschaft sieht er ein Fachwerk-Bauernhaus vor sich. Er öffnet die Eingangstür aus geschnitztem Eichenholz und tritt in einen Flur. Seine Augen müssen sich erst an die Dunkelheit gewöhnen. Dann gelangt er in das Wohnzimmer. Er setzt sich auf eine Holzbank an den Kamin des gemütlich eingerichteten Raums. Das Halbdunkel und die Stille erscheinen ihm unheimlich. Ralf schaut sich um. Sein Vater tritt in den Raum und setzt sich zu ihm an den Tisch. Dann kommt auch seine Mutter zur Tür herein. Ralf beginnt ein Gespräch mit seinen Eltern. Er fragt sie, warum er sich über viele Jahre so schlecht mit ihnen verstanden habe. Sein Vater antwortet: „Wir sind sehr unterschiedliche Menschen.“ Ralf sagt zu seiner Mutter: „Du konntest mir Wärme geben. Trotzdem haben auch wir uns später nicht mehr verstanden." Seine Mutter erklärt ihm, ihre Ehe sei schwierig gewesen. Das wirke sich immer auch auf die Kinder aus.

Ralf steht auf und geht weiter durch das Haus. Er betritt die Küche. Der Tisch ist gedeckt, der Kühlschrank mit Speisen gefüllt. Von der Küche aus führt eine Tür in die Speisekammer, so vermutet Ralf. Doch als er die Tür öffnet, findet er zu seinem Erstaunen dahinter die Toilette.

Ralf tritt von der Küche aus wieder in den Flur, auf dessen anderer Seite Schlafzimmer und Bad liegen. Noch ehe er eins der beiden Zimmer betreten kann, kommt ihm ein Drache aus dem Schlafzimmer entgegen. Er füllt die ganze Türöffnung aus und versperrt den Weg. Ralf beginnt, den Drachen zu füttern – endlos lange, bis dieses Monstrum satt wird. Es fängt an zu schrumpfen und verwandelt sich am Ende in eine Kröte. Ralf nimmt das Tier mit ins Bett und legt es auf seine nackte Haut. Er erinnert sich plötzlich an das Märchenmotiv vom Froschkönig und wirft die Kröte an die Wand, um zu sehen, wer sich hinter diesem Tier verbirgt. Dort, wo er die Kröte an die Wand geworfen hatte, erscheint jetzt das Bild einer sehr schönen Frau mit langen blonden Haaren, die nackt zu sein scheint.

Ralf setzt seine Wanderung durch das Haus fort. Im Obergeschoß findet er ein Arbeitszimmer mit vielen Bücherregalen und heller, freundlicher Einrichtung. Er steigt nun hinab in ein dunkles Kellergewölbe. Die Wände sind feucht. In einem Kellerraum springt ihm ein großer schwarzer Hund mit glühenden Augen entgegen und fletscht die Zähne. Ralf versucht, ihn mit Fleischstücken zu füttern. Doch der Hund nimmt sie nur zögernd an. Er scheint nicht hungrig zu sein.

Im nächsten Kellerraum stößt Ralf auf eine schwarze Katze, die ihm mit glühenden Augen entgegenfunkelt. Ralf schließt die Tür und wendet sich noch einmal dem Hund zu. Er füttert ihn, bis er nach und nach immer kleiner schrumpft und schließlich als ganz normaler Schäferhund vor dem Haus seiner Eltern liegt, in dem Ralf aufwuchs.

Doch da schiebt sich ein gewaltiges Krokodil durch das Gartentor. Neben diesem Monster erscheint Ralf der Schäferhund geradezu harmlos. Er füttert also jetzt das Krokodil mit Fleischbrocken, bis es schließlich schrumpft und sich wie ein Regenwurm in ein Erdloch zurückzieht.

Vielleicht werden Sie sich Tag-Traum-Reisen weniger dramatisch vorgestellt haben. Meist verlaufen sie in der Tat erholsamer. Doch wir müssen mit einer so heftigen Entwicklung des Geschehens rechnen, wenn – wie bei Ralf – viel aggressives Konfliktmaterial aus dem Unbewußten aufsteigt und sich im Bild-Erleben darstellt. Die einzige Alternative wäre: weiter verdrängen. Doch das ist keine akzeptable Lösung. Wer heil werden will, muß den manchmal schmerzhaften und unbequemen Weg der Individuation gehen. Wirkliche Heilung ist nicht mit ein paar Tabletten auf Rezept zu bekommen. Die Begegnung mit unseren verdrängten Impulsen aktiv gestaltend durchzuleben, das ist ein Schritt in die richtige Richtung. Er führt uns vorwärts in unserer persönlichen Entwicklung – hin zu mehr Gelassenheit, Freiheit von Zwängen, die ihre Ursache in uns selbst haben, und zu mehr Gesundheit. Wir brauchen verdrängte Konflikte nicht länger in der Symptomsprache unseres Körpers auszudrücken.

Ralf befindet sich mitten auf diesem Weg: Er

kämpft. Noch sind nicht alle Prüfungen bestanden. Doch seine Konflikte zeigen sich inzwischen immer deutlicher, und Ralf gelingt es immer besser, sie im Tag-Traum-Erleben konstruktiv zu lösen: zunächst im direkten Dialog mit seinen Eltern, die ihm nicht zufällig in diesem Bauernhaus begegnen. Das Haus verkörpert hier wie in der Traumsprache allgemein die Persönlichkeit des Träumenden. Ralfs Eltern wohnen noch in ihm. Ralf begegnet ihnen mehrfach: zunächst in der Dialogszene im Wohnzimmer, die zeigt, daß Ralf zumindest unbewußt um die Problematik seiner Elternbeziehung weiß. Ein zweites Mal trifft er sie, symbolisch verschlüsselt, im Keller des Hauses. Die väterliche Welt repräsentiert hier der Hund, die mütterliche die Katze, später das Krokodil und vorher im Schlafzimmer: der Drache. Sobald Ralf ihn endgültig besiegt hat, wird der Weg zu einer erfüllten Partnerschaft, auch im sexuellen Bereich, frei sein.

Ralf kennt das Märchen vom Froschkönig. Wahrscheinlich ist ihm auch die Deutung des Frosches als Symbol für Sexualität im weitesten Sinne bekannt. Wir können zwar nicht ohne weiteres von dieser Annahme ausgehen. Dennoch läßt sich in Teilen seiner Tag-Traum-Reise ohne Schwierigkeit eine Variante zum Märchen vom Froschkönig erkennen. Während das Grimm-Märchen die Problematik der erwachenden Sexualität aus der Sicht des zur Frau heranreifenden Mädchens erzählt, stellt Ralf die gleiche Problematik aus der Perspektive des heranwachsenden jungen Mannes dar.

Solche Parallelen zu Märchenmotiven zeigen sich verhältnismäßig oft im Tag-Traum-Erleben. Dennoch fasziniert diese Leichtigkeit immer wieder aufs Neue, mit der unser Unbewußtes schöpferisch mit Märchenelementen umgeht, sie nachbildet, abwandelt oder vollkommen neu gestaltet. Es ist ein beachtliches Potential an Kreativität, das sich da in uns verbirgt, und es wird für gewöhnlich niemals abgerufen. Wir schöpfen heute erst einen Bruchteil dieses gewaltigen Vorrates aus, der in uns ruht. Wir stehen erst am Anfang, diese Energiequellen vor allem für den Bereich des schulischen Lernens zu nutzen. Aber alles deutet darauf hin, daß sich die Art und die Qualität des Lernens im nächsten Jahrzehnt von Grund auf verändern wird.

7. Die Tiefenentspannung als Voraussetzung für Tag-Traum-Reisen

VERLUSTANZEIGE

Ich setze mich hin.
Ich schließe die Augen.
Ich denke nichts.
Ich fühle nichts.
Ich geh
aus dem Tag
aus dem Raum
aus der Zeit.
Einfach so.
Ich bin
mir unbemerkt
abhanden gekommen.

Günter Harnisch: Wächst Gras erst über den Städten, Steinfurt o.J., S. 52.

Tag-Traum-Reisen erleben und damit ganz neue und bisher unbekannte Bereiche unserer Persönlichkeit entdecken – das ist kein Exklusiv-Ziel für wenige Auserwählte. Mit ein wenig Vorbereitung kann jeder solche Phantasie-Reisen unternehmen und damit eine ungeahnte Erweiterung seines Erlebensbereichs erfahren.

Voraussetzung ist eigentlich nur das Beherrschen einer Entspannungstechnik, wie sie heute bereits vielen Menschen vertraut ist, den Spitzenmanagern der Wirtschaft ebenso wie den Künstlern, Sportlern und allen, die sich auf den Einsatz aller verfügbaren Kräfte ihrer

Persönlichkeit verlassen möchten. Es mag paradox klingen: Aber indem wir lernen, uns völlig zu entspannen, lernen wir zugleich, alle unsere Kräfte in Leistungssituationen anzuspannen – ohne Irritationen und Ablenkungen, ohne nervöse Störungen oder Verzerrungen unserer Wahrnehmungsfähigkeit, wie sie in Streßsituationen allzu leicht auftreten.

Das folgende Beispiel zeigt, wie dieser Mechanismus wirkt:

In einer wissenschaftlichen Untersuchung vermittelte man einer Gruppe von Schulkindern den Eindruck, es werde eine besonders schwierige Klassenarbeit geschrieben, die für die künftige Schullaufbahn der Schüler von ausschlaggebender Bedeutung sei. Die Leistungen dieser Gruppe blieben im anschließenden Test weit hinter denen einer Vergleichsgruppe zurück, die die Testaufgaben in lockerer und entspannter Atmosphäre löste.

Das Wort „Angst" ist verwandt mit „Enge". Und so führt denn Angst meist zu eingeengter Wahrnehmungsfähigkeit und zu schwächerer Leistung. Wer

sich richtig *ent*spannen kann, der wird auch imstande sein, sich in entscheidenden Situationen voll *an*zuspannen und seine persönliche Höchstleistung zu erbringen.

Wir kennen zwei wichtige Grundformen, durch die sich der Zustand der Tiefenentspannung herbeiführen läßt. Beide Methoden sind verhältnismäßig leicht zu erlernen. Beide werden heute in Volkshochschulkursen und ähnlichen Veranstaltungen angeboten. Und beide eignen sich in gleicher Weise als Voraussetzung für die Tag-Traum-Reisen.

Natürlich können Sie die Entspannungstechnik auch allein anhand der hier wiedergegebenen Beschreibung erlernen. Vielen Menschen gelingt das ohne jede Schwierigkeit.

7.1 Das Autogene Training

Der Zustand der Tiefenentspannung läßt sich als ein Nach-Innen-Horchen beschreiben, das bis zu einem tranceartigen Absinken führen kann. Je stärker wir uns in diesem Zustand des Geschehenlassens entspannen, um so besser finden wir den Zugang zu unserem Unbewußten. Suggestionen, die wir uns dabei selbst geben, indem wir sie sprechen oder nur denken, haben eine außerordentlich starke Tiefenwirkung, ungleich viel stärker, als sich das bei vollem Tagesbewußtsein erreichen ließe.

Da es genügend Literatur über das Autogene Training gibt, soll hier nur eine Kurzfassung der Grundübungen wiedergegeben werden, die notwendig sind, um mit Erfolg auf die Tag-Traum-Reise gehen zu können.

Am besten suchen Sie sich für Ihre Übungen einen ruhigen Raum aus, in dem Sie von äußeren Störungen, auch Türklingeln und Telefonanrufen, abgeschirmt sind. Helles Licht, besonders aus Neonröhren, eignet sich nicht für Ihre Entspannungsübungen. Dagegen wirkt Kerzenlicht besonders beruhigend.

Legen Sie sich flach hin, wenn es geht, möglichst ohne Kopferhöhung. Die Arme liegen lose neben dem Körper. Schließen Sie die Augen und atmen Sie ganz ruhig. Versuchen Sie, die Muskeln in den einzelnen Körperbereichen in fester Reihenfolge zu spüren, sie dann loszulassen und zu entspannen.

Die erste Übung besteht darin, sich in die Arme hineinzufühlen und zu spüren, wie sie immer schwerer und schwerer, also immer entspannter werden. Diesen Zustand erreichen Sie, indem Sie mehrere Male hintereinander die Leitformel denken oder in sich hineinsagen: „Meine Arme sind ganz schwer."

Je öfters und je regelmäßiger Sie üben, um so schneller wird der Erfolg eintreten. Bald stellt sich das Gefühl der Schwere schon ein, wenn Sie die Leitformel nur etwa sechsmal wiederholen. Nach kurzer Übungszeit schon dehnt sich das Schweregefühl von selbst auf die Beine und auf den ganzen Körper aus. Sie können sich aber jetzt auch ausdrücklich die Leitformel sagen: „Meine Beine sind ganz schwer."

Denken Sie nun: „Ich bin ganz ruhig" mehrmals hintereinander. Dann gehen Sie zur nächsten Übung über. Sie lautet: „Arme und Beine sind warm." Das Ziel dieser Übung ist erreicht, wenn Sie deutlich Wärme durch ihren Körper strömen fühlen. Sie brauchen von nun an nicht mehr unter kalten Händen und Füßen zu leiden. Sie können damit selbst eine wichtige Ursache für Erkältungskrankheiten ausschalten. Wenn Sie diese Grundübung jeden Tag ein- bis dreimal durchführen, werden Sie sie in etwa ein bis zwei Wochen beherrschen.

Wiederholen Sie nun wieder den Satz: „Ich bin ganz ruhig“ und wenden Sie sich Ihrem Atem zu: „Der Atem geht ruhig und gleichmäßig wie das Meer. – Es atmet mich.“

Beenden Sie die ganze Übung, indem Sie Ihre Muskeln anspannen, sich recken und strecken, tief Luft holen und dann die Augen öffnen. Jetzt fühlen Sie sich frisch und munter und bereit zu neuer Aktivität.

Diese Grundübung läßt sich nach und nach immer weiter ausbauen – je nach ihren persönlichen Bedürfnissen und Problemen. Sie können sich auf diese Weise das Rauchen abgewöhnen, sich vornehmen, weniger zu essen, oder sich selbst und andere Menschen besser zu akzeptieren. Und Sie sind jetzt imstande, auf die Tag-Traum-Reise zu gehen und ganz neue Bereiche Ihres Wesens kennenzulernen, zu denen Ihnen bisher der Zugang versperrt war.

Wenn Sie Ihr Unbewußtes erforschen, werden Sie erstaunt sein über die vollkommen neuen Perspektiven, die sich in Ihrem Leben eröffnen. Vielleicht werden Sie ein gesünderer und glücklicherer Mensch, als Sie bisher waren. Vielleicht entdecken Sie neue künstlerische Begabungen in sich. Oder Ihr Selbstbewußtsein stärkt sich auf ungeahnte Weise, und Sie sind in der Lage, Ihrem Leben ganz neue Impulse zu geben. Die Wirkungen der Tag-Traum-Reisen geschehen in jedem Menschen auf andere, nicht vorhersagbare Weise. Aber in jedem Falle treten Wirkungen ein, die eine neue positive Entwicklung im Leben einleiten.

7.2 Die Meditation

Für diejenigen Leser, die den Zustand der Tiefenentspannung lieber durch Meditation als durch Autogenes Training erreichen möchten, folgt hier eine kurze Darstellung der meditativen Grundtechnik, wie sie für Menschen unseres Kulturkreises erlernbar ist.

Ob Sie den Zustand der Tiefenentspannung nach der Technik der Meditation oder des Autogenen Trainings herbeiführen, ist im Grunde ohne Bedeutung. Beide Techniken eignen sich in gleicher Weise als Voraussetzung für Ihre Tag-Traum-Reisen. Und beide Techniken sind leicht erlernbar.

Seit Jahrtausenden kennen die Menschen meditative Übungen. Es gibt kaum einen Kulturkreis, der den meditativen Zustand nicht genutzt und keine systematischen Meditationsübungen entwickelt hätte. Im Christentum sind es vor allem Bibelstellen oder Bilder, auf die sich der Meditierende konzentriert. Im Buddhismus liegt die Hauptmethode in der Konzentration auf den Atem. Die Inder benutzen Mantras, das sind heilige Worte oder Silben, oder die als Mandalas bezeichneten symbolischen Malereien. Auf sie werden wir im Kapitel 10 näher eingehen.

Unter Meditation ist in diesem Buch eine Versenkungstechnik zu verstehen, bei der es zu einer Umschaltung des Bewußtseins kommt. Das geschieht losgelöst von allen ursprünglich damit verbundenen religiösen Inhalten. Das Bewußtsein in der Meditation unterscheidet sich deutlich von unserem gewöhnlichen Tagesbewußtsein. Es hat manchmal Elemente des Traumes, gehört aber voll in den Zustandsbereich des Wachseins. Man hat den Meditationsvorgang verglichen mit dem Auslöschen des Tageslichts. Nun erst, in der Dunkelheit, können wir die feinen Lichtreize der Sterne am Himmel wahrnehmen, die bei der großen Helligkeit des Tages für uns unsichtbar sind[3].

Der Meditierende zieht sich zunächst aus dem Tagesgeschehen und dem Wachbewußtsein zurück, indem er einen ruhigen Platz sucht und die Augen schließt, so daß möglichst wenige Reize ihn von außen stören können. Er löst sich, indem er seine Sinneswahrnehmung aus der Außenwelt zurücknimmt. Um in den Zustand meditativer Versenkung zu gelangen, nimmt der Meditierende ein Konzentrationsobjekt zu Hilfe, auf das er seine ganze Aufmerksamkeit richtet. Art und Beschaffenheit dieses Konzentrationsobjekts spielen keine entscheidende Rolle. Für uns inhaltsleere Silben eignen sich ebenso wie einzelne sinnhafte Wörter aus unserer Sprache oder das Konzentrieren auf den Atem, wie er durch die Nase gleichmäßig aus- und einströmt.

Dieses methodische Hinführen des Geistes auf einen Punkt bewirkt bei einiger Übung schon bald einen Zustand psychischer Versenkung und tiefer körperlicher Entspannung. Dieser Zustand allein hat schon eine außerordentlich günstige Wirkung. Alter Streß und Ängste, die die meisten Menschen seit ihrer Kindheit unverarbeitet in sich herumtragen, können jetzt abgebaut und dem bearbeitenden Denken zugeführt werden. Je tiefer wir uns entspannen, um so stärker geraten wir in einen Zustand wohliger Gelöstheit. Angst, Sorgen und Probleme fallen von uns ab. Wir fühlen uns wohl, sicher und geborgen. Wir können uns selbst und die anderen Menschen in unserer Umgebung besser akzeptieren, und wir gewinnen Zugang zu jenem Gefühl des Grundvertrauens, von dem die meisten Menschen als Kind nicht genug bekommen haben. Wir schaffen damit zugleich eine wichtige Basis, von der aus der Prozeß unserer Selbstentfaltung in Gang kommen kann.

Wichtig ist, daß Sie während der Meditationsübung entspannt sitzen. Die Arme liegen locker auf den Oberschenkeln. Die Augen halten Sie geschlossen. Sie meditieren, indem Sie ununterbrochen Ihr Meditationswort denken. Wenn Sie zum Beispiel das Wort „Ruhe" meditieren wollen, so denken Sie einfach beim Einatmen immer wieder die Silbe RU, beim Ausatmen HE. Ist Ihnen ein sinnentleertes Mantra lieber, so meditieren Sie beispielsweise die Silben OM AH HUM, indem Sie beim Einatmen immer wieder OM denken, beim Ausatmen AH. Die Silbe HUM fällt jeweils in die Pause zwischen zwei Atemzügen.

Diese Übung kann sich zunächst über fünf Minuten täglich erstrecken. Im Verlauf des Übens wird sie allmählich auf 20 Minuten ausgedehnt. Ein Gefühl, wann die 20 Minuten vorüber sind, bekommen Sie bald, wenn Sie vor der Meditationsübung auf die Uhr schauen und sich fest vornehmen, nach 20 Minuten aus der Meditation wieder zurückzukehren.

Schon nach kurzer Zeit werden Gedanken, Phantasien und Körpergefühle auftreten, die Ihre Aufmerksamkeit von dem Meditationswort ablenken. Unterdrücken Sie diese Störungen nicht. Nehmen Sie sie einfach zur Kenntnis, und kehren Sie dann wieder zu Ihrem Meditationswort zurück.

7.3 Musik als Entspannungshilfe

Bei unseren Entspannungsübungen beeinflussen wir über das negative Nervensystem den ganzen Menschen. Das geschieht allein durch Worte und Gedanken. Worte und Gedanken können bewirken, daß wir uns ruhig, ausgeglichen, harmonisch, gelassen, fröhlich, aber ebenso, daß wir uns traurig oder wütend fühlen.

Vergleichbare Wirkungen löst Musik in uns aus. Je nach ihrer Klangbeschaffenheit ist sie imstande, uns in äußerste Spannung zu versetzen, Aggressionen in uns auszulösen, aber auch Ruhe, Gelassenheit und Ausgeglichenheit herbeizuführen.

Je stärker unsere Beziehung zur Musik entwickelt ist, um so intensiver können wir ihre Wirkung als zusätzliche Hilfe einsetzen, um den Zustand der Tiefenentspannung herbeizuführen.

Es ist sicher nicht möglich, hier Musikempfehlungen zu geben, die jedem Leser das Entspannen erleichtern. Sie selbst kennen Ihre Geschmacksrichtung am besten und wissen wahrscheinlich, welche Art von Musik Sie als besonders entspannend empfinden. In diesem Buch kann es nur darum gehen, Ihnen Anregungen, Hilfen und einen groben Überblick über geeignete Musikangebote zu verschaffen.

Grundsätzlich spielt es keine Rolle, ob Sie „E-Musik“ aus dem „klassischen“ Bereich wählen oder sich für leichtere Kost aus dem weiten Gebiet der Unterhaltungsmusik entscheiden. In jedem Falle sollten Sie langsame Stücke hören, wenn Sie sich entspannen wollen. Musik wirkt vor allem durch ihren Grundrhythmus auf unseren Körper. Zur Entspannung eignen sich daher in erster Linie solche Musikstücke, die in ihrem Grundrhythmus mit dem Ruhepuls des Menschen, das sind etwa 60 Herzschläge pro Minute, übereinstimmen. Im „Klassik-Bereich" erfüllen diese Voraussetzung vor allem Werke mit der Satzbezeichnung „Largo".

Die hier angegebenen Schallplattenaufnahmen enthalten eine Auswahl an Musik zum Meditieren, zum Entspannen und zum Träumen. Den besten Erfolg werden Sie haben, wenn Sie Ihre persönliche Entspannungs-Musik zu einem Zeitpunkt hören, zu dem Sie frei von äußerem Termindruck und von Hetze sind. Sie können dann, von der Musik eingestimmt, gleich anschließend Ihre eigentliche Meditation oder Ihre Entspannungsübung nach der Methode des Autogenen Trainings durchführen.

Largo-Sätze zur Entspannung und Meditation

Johann Sebastian Bach

- Largo aus dem Konzert für Klavier und Streichorchester, Nr. 5 in F-moll, BWV 1056 RAC ZL 30569.
- Largo aus dem Konzert für Cembalo, Solo in F-dur, FSM 34287.

Georg Friedrich Händel

- Largo aus dem Konzert Nr. 3 in D-dur; Feuerwerksmusik, EMI IC 065-99690.
- Largo aus dem Konzert Nr. 1 in B-dur (Concerti grossi, op. 3, Nr. 1–6, EMI IC 151-99622/23 und Decca 635235).

Georg Philipp Telemann

– Largo aus: Fantasien für Cembalo, Nr. 17 in G-moll, PR 70124.
– Largo aus dem Konzert für Viola, Streicher und Basso Continuo in G-dur, DCA 91017.

Antonio Vivaldi

– Largo aus „Winter" – Die vier Jahreszeiten, Philips X Stereo 6515007.
– Largo aus dem Concerto für Mandoline, Streicher und Orgel; Nr. 1 in C-dur, PV 134 (FSM 34153).

Musiksammlungen zur Entspannung und Meditation

– Klassische Musik zur Entspannung und Meditation; mit Stücken von Ravel, Händel, Bach, Albinoni, Grieg, Dvorak, Massenet, R. Vaughn Williams, Barber, Elgar, Gluck u. a.; London Symphony Orchestra, Academy of St Martin, Los Angeles Philharmony u. a.; Ltg.: G. Szell, Z. Mehta, N. Mariner, G. Solti u. a.; Decca, 2 LPs.
– Orchester- und Konzertstücke von Faure, Massenet, Mozart, Ravel, Rodrogo, Jacob u. a.; mit Martha Argerich, M. Rostropovich, N. Yepes, P. Zukerman u. a.; Berliner Philharmoniker, Herbert v. Karajan; Wiener Philharmoniker, Karl Böhm u. a.; DGG, LP.
– Kammermusik von Smetana, Mozart, Mendelssohn, Tschaikowsky, Brahms, Nielsen, Debussy, Messiaen u. a.; Amadeus Quartett, Melos Quartett u. a.; DGG, LP.
– Kammer- und solistische Musik von Bach, Viotti, Halffter, Szimanowski, Janácek, Brahms, Liszt,

Rodriguez, Strawinsky u. a.; mit Wilhelm Kempff, Nicanor Zabaleta, Narciso Yepes, Daniel Barenboim, Trio di Trieste u. a.; DGG, LP.

- Chor- und Orgelmusik von Bach, Franck, Brahms, Messiaen u. a.; mit Wolfgang Rübsam, Münchner Bach-Chor und -Orchester, Karl Richter, Simon Preston u. a.; DGG, LP.
- Orchesterstücke von Ives, Barber, Holst, Mahler, Dvorak u. a.; mit Chicago Symphony Orchestra, C. M. Giulini, Los Angeles Philharmonic Orchestra, Leonard Bernstein, Boston Symphony Orchestra, Seiji Ozawa u. a.; DGG, LP.
- Jean-Michael Jarre (Oxygene 1, 2, 3, 5, Equinoxe 1, 2, 3, 4, 7) DGG, LP.
- Tony Scott, Music for Zen-Meditation; DGG, LP.
- Kitaro, Eath born, Theme of Silk Road, Sunset, Flying, Cloud u. a.; DGG, LP.
- Mantras, Kristian Schulze/Synthesizer, Paul Vincent/Gitarre, Majo Rolyat/Keyboards u. a.; DGG, LP.
- Meditative Musik aus Pop, Elektronik, Klassik; mit Ravi Shankar, Tony Scott, Michael Rother, Jean-Michel Jarre, Vangelis, Wilhelm Kempff, Daniel Barenboim, Martha Argerich u. a.; DGG, 2 LPs.
- Paul Horn, Inside the great pyramid, spirituelle Flötenmusik, im Inneren der großen Pyramide von Gizeh aufgenommen; DMM, 2 LPs.

8. Anleitungen für Ihre Tag-Traum-Reisen

8.1 Wählen Sie am Anfang möglichst einfache Ziele

Wer das Reisen erlernen will, wird nicht sofort mit einer Expedition in den Himalaja oder zum Nordpol beginnen, sondern sich zunächst mit weniger schwierigen Zielen begnügen, bei denen sich die Gefahr einer Überforderung und damit des Scheiterns gering halten läßt. Nichts anderes gilt für unsere Tag-Traum-Reisen. Beginnen Sie mit einfachen Zielen, die sich bereits bei vielen Menschen bewährt haben.

Entspannen Sie sich zunächst nach einer der in diesem Buch beschriebenen Methoden, die Ihnen persönlich am besten zusagt. Wenn Sie den Zustand der Tiefenentspannung erreicht haben, stellen Sie sich das Bild einer Blume vor, ganz intensiv. Das gelingt im allgemeinen recht schnell. Die meisten Übenden haben dabei keinerlei Schwierigkeiten. Fast immer hat die Blume, die vor Ihrem inneren Auge als Bild erscheint, etwas mit Ihnen ganz persönlich zu tun, mit wichtigen Charaktereigenschaften oder mit Ihren ganz persönlichen Problemen.

Schauen wir uns hierzu ein Beispiel aus der therapeutischen Praxis ein wenig näher an:

Anne, 35 Jahre alt, von Beruf Kindergärtnerin, nahm an einem nach der Tag-Traum-Methode therapeutisch geleiteten Kurs teil, weil sie in einer beruflichen Krise steckte. Sie hatte außerdem Schwierigkeiten im persönlichen Bereich, an denen ihre Partnerbeziehung zu zerbrechen drohte.

Anne gelang es sehr schnell, das Bild einer kraftvollen Sonnenblume einzustellen. Aber dieses Bild wechselte ständig mit dem eines zarten Buschwindröschens. Anne wußte einfach nicht, für welche der beiden Blumen sie sich entscheiden sollte. Bei ihrer ersten Reise in die Bilderwelt ihres Unbewußten zeigte sich damit sofort ein entscheidender persönlicher Konflikt: nämlich die Unfähigkeit, ihre männlichen und weiblichen Persönlichkeitsanteile, die ja jeder Mensch in sich hat, miteinander in Einklang zu bringen.

Anne erkannte ihr Problem in dieser symbolhaft verschlüsselten Darstellung des Blumenmotivs sofort wieder, und sie begann, dieses Problem im therapeutischen Gespräch aufzuarbeiten.

Von Zeit zu Zeit trat es in ihrem Tag-Traum-Erleben nun in immer wieder neuen Bildvarianten auf, bis Anne schließlich ihre im Kampf gegeneinander stehenden männlichen und weiblichen Anteile versöhnen und in ihre Gesamtpersönlichkeit integrieren konnte. Wir werden auf ihre Problematik später noch zurückkommen.

8.2 Das Einstellen des Reiseziels

Wenn Ihnen das Einstellen des Probemotivs „Blume“ gelungen ist, dann steht Ihren eigentlichen Tag-Traum-Reisen nichts mehr im Wege.

Entspannen Sie sich in der für Sie gewohnten Art. Sobald Sie spüren, daß Sie den Zustand der Tiefenentspannung erreicht haben, stellen Sie sich das Bild Ihres Reiseziels vor, zum Beispiel ein Tor, durch das Sie gehen, oder einen Brunnen, eine Insel oder den Paradiesgarten Eden. Sie finden in den folgenden Kapiteln ausführliche Beschreibungen hierzu. Die Zahl denkbarer Reiseziele läßt sich beliebig erweitern. So können Sie beispielsweise eine Bergwanderung unternehmen oder einen Spaziergang am Meer. Sie können im Meer oder in einem See baden und tauchen, einen Bach entlanggehen bis zu seiner Quelle oder seiner Mündung. Wenn Sie ein Haus besichtigen, werden Sie wahrscheinlich Ihren ganz persönlichen Eigenschaften und Charakterzügen begegnen und mehr über sich selbst erfahren.

Sobald Sie schon mehr Erfahrung im Tag-Traum-Reisen gewonnen haben, wird es Ihnen möglich sein, weit in Ihre persönliche Vergangenheit zurückzugehen, wichtige Ereignisse aus Ihrer Kindheit, selbst Ihre Geburt noch einmal zu erleben. Sie können sich Szenen aus einem früheren Leben vorstellen und die Geschichte der Menschheit weit zurückverfolgen. Die Zukunft ist für Sie kein Buch mit sieben Siegeln mehr, sondern Sie können sie als transparent erleben, indem Sie sich beispielsweise Ihr Gesicht vorstellen, wie es aussehen wird, wenn Sie siebzig Jahre alt sind: eine Übung, die besonders wichtig ist in einer Zeit, in der die Menschen das Altwerden möglichst verdrängen, weil ausschließlich Jugendlichkeit und dynamische Kraft gefragt sind, während der Lebensabend einen ungerechtfertigt niedrigen Rang in unserer Gesellschaft einnimmt.

Die Zahl der Reiseziele ist unerschöpflich. Erfinden Sie neue Ziele hinzu, die Ihnen persönlich reizvoll erscheinen. Und wenn es ein angstauslösender Nachttraum ist, den Sie als Tag-Traum-Reise fortsetzen und ihn so zu einem guten Ende bringen! Sie werden schnell die positiven Veränderungen spüren, die diese Reisen auf Ihr persönliches Leben ausüben.

Keine Angst, niemand wird vom Tag-Traum-Reisen süchtig! Schon nach kurzer Zeit werden Sie ein Gefühl dafür entwickeln, wie oft Sie auf die Reise gehen sollten. Sie werden selbst feststellen, wenn zuviel Konfliktmaterial aus Ihrem Unbewußten ins Bewußtsein dringt und deshalb Zeit zum Verarbeiten nötig ist.

Eine oder zwei Reisen pro Woche sind im allgemeinen gut durchführbar. Wenn Sie zuviel reisen, wird die Intensität Ihres Bild-Erlebens möglicherweise nachlassen. Sie werden bald ein Gefühl für das richtige Maß bekommen, auch hinsichtlich der Dauer jeder Reise.

Vorsicht mit Tag-Traum-Reisen ohne therapeutische Begleitung ist dann geboten, wenn Sie seelisch sehr labil sind oder besonders stark unter neurotischen Konflikten zu leiden haben.

Ein Reisetagebuch zu führen, ist eine sehr gute Möglichkeit, Konfliktmaterial zu bearbeiten. Wenn Sie können, sprechen Sie auch mit Ihrem Partner oder mit Freunden, mit jemandem, zu dem Sie vertrauen haben, über Ihr Reise-Erleben. Solche Gespräche sind besonders wertvolle Hilfen bei der Konfliktbearbeitung.

9. Mythen, Märchen, Träume: Was sie für uns bedeuten

Lange Zeit galt bei uns das wissenschaftlich-technische Denken als Garantie für den Fortschritt. Diese Auffassung beginnt sich erst jetzt allmählich zu ändern, seit die bedrohlichen Wirkungen der Technik unübersehbar deutlich zutage treten. Dennoch bleibt der Anspruch der Wissenschaft, der einzig sichere Zugang zur Wahrheit zu sein, bislang unangefochten. Wir vergessen darüber, daß wir dem wissenschaftlich rationalen Denken noch ein ganz anderes Denken gegenüberzustellen haben: den Mythos. In der mythischen Erfahrung haben die Menschen seit Jahrtausenden ihr Denken und Fühlen, ihr ganzes Wissen von der Wahrheit weitergegeben.

Inzwischen ahnen wir, daß mythische Erfahrung und wissenschaftliche Erkenntnis trotz aller Verschiedenheit die gleiche Struktur haben. Unsere Mythen sind nicht weniger ernstzunehmen als die Wissenschaft, und vor allem: Sie sind nicht weniger wahr. Die Mythen können uns Antworten geben, die uns die Wissenschaft schuldig bleibt, weil sie nicht im Fragehorizont der jeweiligen Fachdisziplin stehen.

Dieses Buch will Hilfen geben, den Teil unserer Persönlichkeit wieder besser zu verstehen, der durch unsere Träume, Märchen und Mythen zu uns spricht, wenn wir seine Botschaft über all der Alltagsaktivität und Hektik noch wahrnehmen wollen.

9.1 Mythen unserer Zeit

Jede Zeit hat ihre Mythen und ihre Märchen. Nur: Ihre Sprache ändert sich. Und ihre Symbole sind heute nicht mehr die gleichen wie in der griechischen Mythologie. Obwohl die Symbole, in denen die Träume, Mythen und Märchen sprechen, in den unterschiedlichen Kulturräumen und Zeiten erstaunliche Ähnlicheit haben, müssen wir doch mit Veränderungen rechnen. Denn ebenso wie sich unsere Umwelt verändert, bleibt die Sprache der Träume, Mythen und Märchen nicht dieselbe, die sie vor zweitausend Jahren war.

Welches Kind kennt heute einen Brunnen, wo das Wasser doch überall aus den städtischen Wasserleitungen fließt! Noch wissen junge Menschen bei uns, wie Wälder aussehen, die ja seit alten Märchenzeiten Symbol für das Unbewußte, Geheimnisvolle und Abenteuerliche sind. Was aber wird, wenn es keinen Wald mehr gibt, weil die Wälder in unseren Breiten gestorben sind? Werden die Kinder unserer Kinder neue, andere Traumsymbole haben für Wald und für Brunnen?

In der Sprache des Lyrikers ausgedrückt, klingt dieses Problem so:

Da ist keine Hoffnung mehr.
Denn mit den Wäldern,
soll hier geschrieben stehen,
sterben die Märchen aus.

Günter Grass: Die Rättin, Neuwied 1986

Gibt es da wirklich keine Hoffnung mehr für die Märchen, für die Träume, für die Mythen? – In das allgemeine Lied von der Hoffnungslosigkeit einzustimmen, ist keine Lösung. Solange Menschen leben, werden sie träumen, werden sie ihre eigenen, ganz persönlichen und kollektiven Mythen haben, auch wenn sich die Sprache ihrer Symbole ändert.

Moderne Menschen träumen beispielsweise kaum mehr von feuerspeienden Drachen, die sie bedrohen. An die Stelle solcher Untiere sind in der modernen Traumsprache Bagger, Raupenschlepper, Panzer, Lastwagen und andere technische Monstren getreten. Ebenso werden Wälder und Brunnen in der Sprache der Träume und der modernen Mythen durch neue Symbole ersetzt werden. Die Märchenhelden unserer Zeit heißen nicht Achilles, Prometheus oder Siegfried, sondern ihre Namen sind Tarzan und Superman. Ihre Beliebtheit steht offensichtlich in einem engen Zusammenhang mit dem Unterhaltungsbedürfnis vor allem junger Menschen und ihren Wünschen, Vorstellungen, Ängsten.

Filme mit den Mythenhelden von heute bieten Ersatz für die nur noch selten erzählten Märchen. Das ist eine Tatsache. Ob wir sie als Verflachung bedauern und bekämpfen oder nicht, das ändert wenig.

9.2 Tarzan – ein moderner Mythenheld

Schauen wir uns solch einen modernen Mythos einmal näher an: Tarzan – in der amerikanischen Filmfassung von 1981 mit Bo Derek und Miles O'Keefe in den Hauptrollen – eine Produktion, die mit beachtlichem Erfolg in den Kinos und Fernsehprogrammen vieler Länder lief.

Die Handlung dieses jüngsten aus der langen Reihe der Tarzan-Streifen läßt sich schnell erzählen: Da will eine Tochter ihren Vater auf seiner Expeditionsreise begleiten, die hinführen soll zu jenen sagenumwobenen Plätzen, an die sich die Elefanten zum Sterben zurückziehen. So beginnt die Wanderung durch das Leben: eine Aufbruchssituation, wie wir sie aus unzähligen Märchen kennen. Mancherlei Proben werden zu bestehen, Schwierigkeiten zu überwinden sein. Aber die Heldin wird am Ende Erfolg haben. Auch das wissen wir aus den Märchen und Mythen.

Auf dem ersten Stück Weg begleitet der Vater seine Tochter Jane: ein Helfer wie im Märchen, wo schützende Personen in allerlei Symbolverkleidung immer wieder auf dem Weg des Helden durch die Wirrnisse auftreten. Er wird verschwinden, die junge Frau wird schließlich allein weitergehen müssen. So kennen wir das. Und so geschieht es auch hier.

Tarzan, der Wilde, der Affenmensch, raubt das Mädchen Jane. Er vertritt, als Prototyp gleichsam, das Animalische im Menschen, seine Naturseite, die Leidenschaften. Ein Prozeß gegenseitigen Sich-Hingezogen-Fühlens und Abgestoßenseins beginnt: Faszination und Angst vor dem Unbekannten, der Sexualität.

Allerlei Proben sind zu bestehen: der Kampf mit einer Riesenschlange, die das Mädchen zu erdrücken droht. Die Schlange steht hier – wie so oft in der Traumsprache – für Sexualität.

Tarzan rettet das Mädchen. Auch er kämpft mit der Schlange, besiegt sie und fällt erschöpft in Tiefschlaf. Ein Elefant hebt den Schlafenden auf und trägt ihn: Die Szene erinnert an Adam im Paradiesgarten; der Elefant: ein Vatersymbol, Gott Vater.

Der Vater des Mädchen trachtet Tarzan nach dem Leben. Rivalität zwischen ihm, der seine Tochter nicht hergeben will, und dem Mann, der sie gewinnen wird: ein Konfliktmodell, das Eltern erwachsen werdender Kinder nicht fremd ist.

Jane fällt einem Fleischkloß von Eingeborenenhäuptling in die Hände. Er will sie vergewaltigen und/oder sie sich ganz einverleiben: ein Ritual. Es erinnert an die kultischen Jungfrauenopfer in den Tempeln der Frühzeit, oder an das Recht des Landesherrn auf die erste Nacht, um nur einige denkbare Assoziationen zu nennen.

Tarzan rettet wieder. Seine Proben besteht auch er. Tarzan kämpft um das Mädchen. Der animalische Mensch, in der Wildnis aufgewachsen allein unter Tieren, muß Zärtlichkeit, die kultivierte Form der Erotik, erst erlernen. Jane erteilt ihm Nachhilfe. Angst und Lust wohnen nicht so weit auseinander.

Der Schluß? Das Paar tollt auf einer Wiese. Einer von Tarzans Schimpansen, eifersüchtig, spielerisch, sorgt für die notwendige Verzögerung der Handlung. Oder ist das schon die vorweggenommene Eifersucht des Kindes, das aus der Verbindung zwischen Mann und Frau hervorgehen wird, symbolhaft dargestellt? Ein Mythos jedenfalls, ein Märchen, ein modernes, mit Happy End, wie wir das kennen, seit es Märchen gibt.

Eine Verflachung gegenüber den alten Mythen? Vielleicht. Aber so schöne Bilder! Und wenn die Menschen heute nun ihre Mythen so flach und so schön sehen wollen, weil sie kopflastig geworden, auf diese Weise wieder Zugang zu ihrem Körper und zu ihren Emotionen finden?

Jede Zeit hat ihre eigenen Aussageformen für ihre Mythen. Dies ist eine. Wir sollten sie akzeptieren, auch wenn uns das nicht immer leicht fällt.

Wenn Tarzan nur nicht wie aus dem Body-Building-Institut aussehen würde! Aber vielleicht spielt mir da nur der Neid einen Streich, mein domestizierter Körper. Welcher Mann aus der Jogger-Gesellschaft hätte in Wahrheit nicht gern auch solche Traummuskeln und einen solchen Urschrei!

9.3 Der Tarzan-Mythos im Tag-Traum-Erleben

Wie stark die modernen Mythen bereits bis in die tiefen Schichten des Unbewußten hineinwirken, zeigt die Tag-Traum-Reise eines 17jährigen Schülers, Thomas, der wegen Lern- und Konzentrationsstörungen an einem therapeutisch geleiteten Kurs für Jugendliche teilnahm.

Thomas berichtet von seiner Reise:

„Ich fliege im Flugzeug über dem afrikanischen Regenwald. Ich lande an einer Bucht. Ein See ist dort, von einem Waldgürtel umgeben. Ich steige aus dem Flugzeug und gehe auf den Waldrand zu. Lianen hängen wie ein dichter Vorhang herab. Als ich sie anfassen will, habe ich eine Schlange am Schwanz erwischt. Sie zischt und droht. Ich gehe weiter. Ich hole einen Apfel aus meiner Tasche und will ihn essen. Da kommt plötzlich hinter einem Busch der Rüssel eines Elefanten hervor. Er nimmt mir den Apfel aus der Hand.

Im Wald treffe ich auf einen Tarzan-Menschen, den „Herrn des Waldes". Er nimmt mich gefangen. An Lianen schwingt er sich hinauf auf sein Baumhaus. Ich spüre einen kalten Luftzug. Noch ehe ich mich umschauen kann, hat mich ein Gorilla gepackt und nimmt mich mit hinauf in das Baumhaus. Als der Tarzan-Mensch einmal das Baumhaus verläßt, merke ich mir genau die Liane, an der er sich fortschwingt. So kann ich mich später befreien."

In der Bilderwelt des modernen Tarzan-Mythos stellen sich hier typische Probleme dar, mit denen ein junger Mensch sich in unserem Kulturkreis auseinanderzusetzen hat. Da ist die Abhängigkeit von der väterlichen Autorität, von der sich Thomas überwältigt fühlt. Sie zeigt sich gleich dreifach: in der Gestalt des Tarzan-Menschen, des Gorillas und des Elefanten, der ihm – gleichsam aus dem Hintergrund heraus operierend – den Apfel wegnimmt.

Der Apfel gilt in der Traumsprache als typisches Fruchtbarkeits- und Sexualsymbol, der Elefant als Repräsentant der väterlichen Autorität. Sie hindert Thomas daran, seine erwachenden sexuellen Kräfte in der Realität zu leben. In dem Bild der Schlange, die Thomas beim Betreten des Waldes am Schwanze packt, stellt sich ihm die Sexualität gleich noch einmal als ein nicht ungefährliches Problem dar.

Thomas gelingt es, sich mit den ihm zur Verfügung stehenden Mitteln auf angemessene Weise aus der Abhängigkeit von der als überwältigend empfundenen väterlichen Autorität zu befreien, indem er die Mittel nutzt, die ihm zur Verfügung stehen: nämlich seine Intelligenz. Er beobachtet aufmerksam, wie sich die Repräsentanten der väterlichen Autorität in ihrer Welt, hier durch das Baumhaus dargestellt, bewegen. Thomas lernt von ihnen. So gelingt es ihm, den Weg in die Freiheit und in die Selbständigkeit des Erwachsenwerdens zu finden.

10. Mandalas: Verweilzeichen

In bestimmten Abständen finden Sie in diesem Buch immer wieder dieses Zeichen:

Vielleicht werden Sie sich darüber schon ein wenig gewundert haben. Es will Ihnen Gelegenheit geben zu schauendem Meditieren, einzuhalten zwischen zwei Reisen oder zwischen zwei Gedanken, ein wenig zu bleiben, zurückzublicken auf das bereits Gelesene, der Wirkung der Worte nachzuspüren. Denn diese Worte, Gedanken und Bild-Eindrücke, die Sie hier beim Lesen aufnehmen, entfalten ihre Wirkung ja nicht nur über den Kopf, sondern über alle Sinne. Je mehr Sie ihnen in den Verweilzonen Raum geben, um so größer wird der persönliche Gewinn sein, den Ihnen dieses Buch vermittelt.

Lesen läßt sich so durchaus als ein Stück Therapie verstehen. Gedanken können eine ungeheuer starke Wirkung auf uns ausüben. Nicht umsonst ist die Kraft des positiven Denkens zur Therapieform entwickelt worden – und zwar zu einer beachtlich erfolgreichen. Und die meisten Menschen wissen auch um die krankmachende Kraft negativer Gedanken. Unser Problem liegt eher darin, *wie* wir negative Gedanken in positive umwandeln können. Sie lassen sich ja nicht einfach ausschalten wie ein Fernsehgerät (selbst das kann schwer genug sein).

Im Gegenteil gilt: Je mehr wir uns bemühen, bohrende Zweifel, Haß, Wut, Nörgelei abzustellen, um so stärker bringen sie sich in Erinnerung – ein fatales Spiel, das an den Wettlauf zwischen Hase und Igel erinnert: Je mehr sich der Hase abstrampelt, den Igel abzuhängen, um so schmerzhafter erfährt er dieses „Ich bin schon längst da“ seines stacheligen Gegenspielers.

Der Weg zum positiven Denken nimmt eine andere Richtung: Auf unseren Tag-Traum-Reisen begegnen uns oft die Ursachen all unserer Zweifel und Ängste in symbolhaft verkleideter Bildgestalt. Und wie auf einer Traumbühne haben wir die Möglichkeit, uns mit allen diesen Kränkungen, die uns krank machen, auf der Symbolebene auseinanderzusetzen. In diesem Noch-Einmal-Erleben auf der Tag-Traum-Reise liegt unsere Chance, gesund zu werden, heil, zu heilen, unseren Weg zu finden, uns zu entfalten, oder wie immer man diesen lebenslangen Entwicklungsprozeß nennen will, der andauert, solange wir wirklich leben. Sein Ziel kennen wir nicht. Der Weg ist das Ziel. Wir leben, solange wir ihn gehen. Wenn wir die Wanderung beenden, wenn wir aufgeben, abbrechen, resignieren, wenn wir nicht mehr neugierig sind auf die Welt, auf die Menschen, auf das, was morgen sein wird, dann erst beginnen wir zu sterben. Das hat mit dem nach Jahren zählenden Lebensalter nicht unbedingt etwas zu tun. Und glücklicherweise lernt manch einer, der keine Chance mehr sah, dennoch wieder, lebendig zu leben, indem er all das Negative, was ihn tötete, annahm, es noch einmal durchlebte und durchlitt und so frei wurde für die positiven Kräfte, die in ihm verschüttet waren.

Es ist vernünftiger,
eine Kerze anzuzünden,
als über die Dunkelheit zu klagen.

Kung-fu-tse

Eine Kerze allein leuchtet nicht weit. Aber andere Menschen werden daran ihre Kerze anzünden, und wieder andere werden kommen und ihre Kerzen an den bereits brennenden Kerzen anzünden – bis die Welt ein wenig heller wird.

Man sagt, daß heute in den westlichen Ländern bereits mehr Menschen meditieren als in den Ursprungsregionen des Ostens, aus denen die meditativen Techniken zu uns kamen. Wenn immer mehr Menschen meditierend Abstand gewinnen von dieser Hetze, der Jagd nach etwas, das sie längst aus ihrem Blickfeld verloren haben, dann könnte die Welt eines Tages anders aussehen, als sie heute aussieht: nämlich friedlicher.

Eine Utopie? – Vielleicht; Träume, die Wirklichkeit werden können. Die Erfahrungen mit der Meditation in allen möglichen Kulturräumen zeigen es deutlich. Zünden wir also eine Kerze an.

Dieses Zeichen, das sich hier öfters wiederholt, ist ein Mandala, ein Kreisbild. Die Mönche in den tibetischen Klöstern nutzten ähnliche, meist an geometrischen Formen orientierte Darstellungen als Hilfe zur Konzentration bei ihren Meditationsübungen. Solche Bilder sind fast immer auf ein Zentrum hin ausgerichtet.

Viele Menschen, auch bei uns, erleben in ihren Träumen und auf ihren Tag-Traum-Reisen mandala-ähnliche Figuren in vielfältigen Variationen. Häufig treten sie im Anschluß an krisenhafte Lebenssituationen als Versuch auf, sich an einer festen Ordnung zu orientieren. Kreis und Quadrat sind auffallend oft gleichzeitig als Elemente in den Mandalas enthalten: ein Versuch gleichsam, die unauflösbare Spannung zwischen dem Runden und dem Eckigen, zwischen dem männlichen und dem weiblichen Prinzip, zwischen Yin und Yang, wie die Chinesen dazu sagen, auf einen Nenner zu bringen.

Kreisbilder, „Sonnenräder", gab es bereits in frühen heidnischen Kunstdarstellungen als Felszeichnungen, lange Zeit bevor die Menschen das Rad erfanden.

10.1 Ein Mandala auf dem Boden der Kathedrale von Chartres

In der christlichen Kunst finden sich Mandalas in den Fensterrosen der Kathedralen ebenso wie in den Heiligenscheinen, mit denen Christus, seine Jünger und vielfach die Heiligen dargestellt wurden.

Ein Mandala ist ohne Zweifel auch jenes Labyrinth auf dem Boden der Kathedrale von Chartres.

Wer sich von außen auf den Weg dieses Labyrinths begibt, steuert direkt und ungehindert, nur kurz durch eine Serpentine nach links umgeleitet, auf die Mitte zu. Vielleicht meint er schon, am Ziel zu sein. Da führt ihn der Weg um die Mitte herum, läßt ihn noch einen Halbkreis lang die Nähe der Mitte erfahren und bringt ihn dann richtig in die Wirrnisse des Labyrinths hinein. Schließlich findet er sich ganz am Rand wieder, fast außerhalb des Kreises, und wird endlos dort entlanggeschickt. Er verliert die Mitte aus dem Blickfeld. Er denkt nicht mehr an sie, obwohl er sie ständig umkreist. Schließlich kommt er dort an, wo er aufgebrochen ist. Doch genau an dieser Stelle, wo er im Grunde keinen Fortschritt erkennen kann, wo er die ganze Wanderung für vergeblich hält und am liebsten aufgeben würde, biegt der Weg auf die Mitte zu und führt

Labyrinth auf dem Boden der Kathedrale von Chartres – Verwirrspiel oder Mandala als Symbol der Ordnung? Das Labyrinth hat einen Durchmesser von 12,5 m. Die Lauflänge des Weges beträgt 305 m.

ihn unvermittelt in die Mitte selbst. Ein letzter Umweg noch. Doch er ist kurz. Im Grunde ruft er nur noch einmal alle früheren Irrungen und Wirrnisse ins Gedächtnis zurück. Dann ist da das Ziel!

10.2 Mandalas im Tag-Traum-Erleben

Einer meiner Kursteilnehmer berichtete im Anschluß an eine therapeutische Tag-Traum-Reise, er habe ein kreisrundes Zeichen gesehen, darin eine eher dreieckige Figur, die ihn an die Symboldarstellung eines Menschen mit ausgebreiteten Armen erinnerte. Auf meinen Rat hin versuchte er zu Hause, dieses Mandala zu zeichnen. Doch zu seinem Erstaunen gelang ihm das nicht, obwohl er das Bild doch deutlich vor seinem inneren Auge gesehen hatte.

Er stand erst am Anfang seiner Therapie und deutete die Symbolfigur mit den ausgebreiteten Armen im Kreis selbst als einen Hinweis auf die Fähigkeit, Liebe zu geben. Genau das war sein zentrales Problem, an dem er hart arbeitete, bis es ihm gelang, Schutthalden aus Mißtrauen und Rückversicherungen beiseitezuräumen und sich ohne Vorbehalte ganz in seine Partnerbeziehung einzubringen.

10.3 Das Sonnenzeichen in diesem Buch: Ein Mandala

Warum gerade dieses Sonnenzeichen im schwarzen Quadrat als Verweilzeichen in diesem Buch enthalten ist? – Nacht und Tag, Dunkelheit und Licht, Quadrat und Kreis, Hoffnung und Verzweiflung – das alles sind unauflösliche Gegensätze, die unser Leben begleiten. Manchmal meinen wir, an ihnen zu zerbrechen. Doch das Leben ist ohne diese Spannung, die aus den Gegensätzen heraus entsteht, nicht denkbar: Wer das Unglück nicht kennt, weiß nicht, was Glück ist. Wer nie Hunger gehabt hat, weiß nicht, was Sattsein bedeutet. Selbst Haß und Liebe sind nur zwei Seiten ein und derselben Medaille. Ohne die Spannung der polaren Gegensätze wäre menschliches Leben ein einziger Schlaraffenland-Brei. Wir würden keinen Anlaß sehen, uns durch ihn hindurchzuessen oder gar kreative Leistungen zu vollbringen.

Die Sonne auf dem Verweil-Mandala verkörpert aber auch Lebenskraft, Hoffnung. Wir wissen, daß die Sonne die Dunkelheit durchdringt. Wir erfahren ihre Kraft, die uns wärmt, immer wieder aufs neue. Leben ist ohne sie nicht möglich. Wir spüren, wie sie Verkrustungen in uns aufbricht, Erstarrtes löst und uns mit Leben erfüllt, mit jener Energie, die uns jeden Tag aufs neue zufließt und ohne die unser Leben erlöschen würde.

Am besten versuchen Sie einmal selbst, sich auf dieses Mandala meditierend einzulassen. Schauen Sie sich ganz einfach dieses Bild lange und intensiv an. Vielleicht gewinnen Sie das Gefühl, diese Bild-Sonne ströme lebendige Energie aus, der Kern der Sonne lasse sich nicht mehr genau in seinen Umrissen festlegen, wie uns das auch bei der wirklichen Sonne nicht gelingt. Vielleicht fallen Ihnen beim Hinschauen die Gedanken wieder ein, die Sie gerade gelesen haben. Oder aber das Mandala löst vollkommen andere und neue Ideen und Empfindungen in Ihnen aus.

Was auch immer geschieht, es ist richtig so, wie es geschieht. Versuchen Sie, ganz einfach hinzuschauen und alles bewußt wahrzunehmen.

11. Tag-Traum-Reise: Durch ein Tor gehen

... Kaum sind wir heimisch einem Lebenskreise
Und traulich eingewohnt, so droht Erschlaffen,
Nur wer bereit zu Aufbruch ist und Reise,
Mag lähmender Gewöhnung sich entraffen ...

Hermann Hesse, Stufen, in: Gesammelte Werken, Bd. 1, Frankfurt a. M. 1970, S. 119

Durch ein Tor gehen – das ist immer ein Abenteuer, wenn wir nicht wissen, was uns hinter diesem Tor erwartet.

Der Raum, in dem wir uns befinden, ist uns vertraut. Wir haben ihn durchschritten, durchmessen, mit allen Sinnen erfaßt, begriffen: Wir kennen ihn – und alle seine Engen und Weiten. Aber der Raum dahinter? – Das Unbekannte lockt und ängstigt uns zugleich: eine Grenzsituation. Da ist die Entdeckerfreude einerseits, diese unbeschreibliche Neugier, welche den Menschen seit Jahrtausenden zu den verwegensten Leistungen antreibt. Doch da ist auch die Angst vor dem Unbekannten. Sie lähmt uns, den vertrauten Raum zu verlassen; lieber dort bleiben, wo wir sind, vertraute Positionen festhalten, nichts unnötig aufs Spiel setzen, sich bescheiden, zufrieden am Erreichten festhalten: Stillstand. – Das ist Rückschritt. Das ist Regression.

So oder ähnlich läuft der Kampf in uns ab, ein dialektischer Prozeß, der zu einer Entscheidung führen wird und führen muß, wenn wir nicht krank werden wollen an unserer Unentschlossenheit.

Meist siegt die Neugier. Wir öffnen die Tür. Ein Blick auf das Neue, Unbekannte kann nicht schaden. Noch stehen wir ja auf bewährtem Boden. Noch bleibt der Rückzug offen.

11.1 Märchen: Schlüssel zum Tor

Wir kennen solche Situationen. Im Leben eines jeden Menschen gibt es sie, von der frühen Kindheit an. Die Märchen nennen sie. Der Reiz des Tabus – wer könnte ihm auf die Dauer widerstehen! Das Bechstein-Märchen vom Ritter Blaubart erzählt davon[4]: Alle Zimmer darf die junge Frau des Königs betreten, nur eins nicht. Wenn sie dieses eine betritt, soll sie sterben müssen. Die Frau verletzt das Tabu. Sie schließt die verbotene Tür auf. Sie findet dahinter die Leichen früherer Frauen ihres Gemahls und soll nun von ihm getötet werden. Mit knapper Not entrinnt sie diesem Schicksal. Ihre Brüder retten sie in letzter Minute. Das Märchen-Happy-End ist gesichert. Aber uns bleibt die Frage nach der Aussage dieses Märchens, das mehr erzählen will, als nur die blutrünstige Geschichte eines König Heinrichs VIII.: Wir sollen die Persönlichkeit unseres Partners achten, nicht in der Vergangenheit seiner früheren Partnerbeziehungen stochern, ihn so lieben, wie er ist, hier und jetzt, in *dieser* Beziehung, die wir mit ihm leben. Das ist die Botschaft, die uns dieses Märchen mitteilen will, eine Botschaft für Erwachsene. Wenn jeder sie akzeptieren würde, sähe es um manche Partnerbeziehung besser aus.

*

Ein anderes Märchen, das sich mit der Thematik „Durch ein Tor gehen" auseinandersetzt, findet sich in der Grimm-Sammlung unter Nr. 200. Es trägt den Titel „Der goldene Schlüssel"[5] und schildert in einzigartiger Weise genau diese Grenzsituation, die wir mehrfach in entscheidenden Situationen unseres Lebens durchleben und durchleiden. Das Ungewöhnliche an diesem Märchen ist, daß es sich mit der Schilderung der typischen „Aufbruchsituation" begnügt. Der Rest bleibt offen. Wir erfahren nicht, welche Proben der Märchenheld zu bestehen hat und ob er sie besteht. Das alles bleibt der Phantasie des Lesers überlassen. Das Märchen öffnet ihm das Tor zur Bewußtseinsebene der Phantasie. Dem Leser bleibt es selbst überlassen, sich dort umzuschauen, sich darin zu finden, sein Leben wiederzuerkennen ...

Der goldene Schlüssel

Zur Winterszeit, als einmal ein tiefer Schnee lag, mußte ein armer Junge hinausgehen und Holz auf einem Schlitten holen. Wie er es nun zusammengesucht und aufgeladen hatte, wollte er, weil er so erfroren war, noch nicht nach Hause gehen, sondern erst Feuer anmachen und sich ein bißchen wärmen. Da scharrte er den Schnee weg, und wie er so den Erdboden aufräumte, fand er einen kleinen goldenen Schlüssel. Nun glaubte er, wo der Schlüssel wäre, müßte auch das Schloß dazu sein, grub in der Erde und fand ein eisernes Kästchen. „Wenn der Schlüssel nur paßt!" dachte er, „es sind gewiß kostbare Sachen in dem Kästchen." Er suchte, aber es war kein Schlüsselloch da, endlich entdeckte er eins, aber so klein, daß man es kaum sehen konnte. Er probierte, und der Schlüssel paßte glücklich. Da drehte er einmal herum, und nun müssen wir warten, bis er vollends aufgeschlossen und den Deckel aufgemacht hat, dann werden wir erfahren, was für wunderbare Sachen in dem Kästchen lagen.

Eine junge Frau, die von diesem Märchen besonders beeindruckt war, hat mir einmal erzählt, welche Erinnerungen es in ihr auslöste, Erinnerungen an Eindrücke, die bis weit in ihre Kindheit zurückreichten und sich wie ein roter Faden durch ihr ganzes Leben zogen:

„In meiner Heimatstadt gibt es ein Schloß. Als Kinder spielten wir oft in einem Waldstück, das an dieses Schloß angrenzt. Immer wieder stießen wir dabei auf ein schmiedeeisernes Tor. Im Sommer war es fast völlig hinter herabhängenden Zweigen verborgen. Im Winter sahen wir es von weither. Dieses Tor übte eine ungeheuere Faszination auf mich aus. Ich wollte wissen, wohin es führte. Doch so oft wir daran rüttelten: Es blieb verschlossen. Ich konnte auch nicht sehen, wohin der Weg dahinter führte. Wahrscheinlich war es die Tatsache, daß dieses Tor zu einem Schloß gehörte, die meine Phantasie so stark anregte, daß ich später Nachforschungen über die Geschichte dieses Schlosses anstellte und den Schloßherrn nach dem immer verschlossenen Tor fragte. Ich fand so heraus, daß dieses Tor früher einmal als Zufahrt zum Schloß gedient, diese Funktion aber durch die Verlegung einer alten Handelsstraße verloren hatte und nun seit unvordenklich langer Zeit verschlossen geblieben war. Niemand – auch nicht der Schloßherr – wußte, ob es einen Schlüssel zu diesem Tor gab und wo er zu finden war. Im Grunde war das Tor schlichtweg in Vergessenheit geraten, von Blättern umrankt, zugewachsen. Heute ist der Weg zu dem Tor kaum noch zu erkennen."

11.2 Beispiele aus der therapeutischen Praxis

Was erleben nun Menschen, wenn sie auf ihrer Tag-Traum-Reise durch ein Tor gehen?

Die Erlebnisqualität einer solchen Reise kann sehr unterschiedlich sein je nachdem, unter welchem „thematischen Vorzeichen“ der Reisende durch das Tor tritt.

Eine therapeutisch wirksame Hilfe besteht darin, sich eine Inschrift an dem Tor vorzustellen, durch das man gehen wird. Sie kann beispielsweise „Vergangenheit“, „Zukunft“, „Glück“, „Einsamkeit“, „Leid“ oder „Angst“ lauten. Wenn Sie Ihre Reise unter einem solchen Leitthema beginnen, wird Ihr Tag-Traum-Erleben aller Wahrscheinlichkeit nach in eine Richtung gelenkt werden, die das von Ihnen gewählte Thema vorgibt. Natürlich können Sie auch auf jede Vorgabe verzichten und sich einfach nur das Bild eines Tores vorstellen, nachdem Sie den Zustand der Tiefenentspannung mit Hilfe der Ihnen vertrauten Entspannungstechnik hergestellt haben.

Schauen wir uns einige Beispiele für Tag-Traum-Reisen an, die durch ein Tor führten – mitten hinein in ein unbekanntes, neues Land. Es handelt sich um wörtlich aufgezeichnete Protokolle aus der Arbeit mit der Tag-Traum-Therapie. Die Tag-Traum-Reisen fanden hier in Einzelsitzungen unter therapeutischer Anleitung statt. Das ist jedoch keine notwendige Voraussetzung. Sie können ebensogut in Gruppen mit oder ohne Leitung eines Therapeuten durchgeführt werden.

Beginnen wir mit dem Beispiel der Kindergärtnerin Anne, die Sie ja schon kennen. An ihrer Tag-Traum-Reise läßt sich deutlich der Widerstand ablesen, mit dem manchmal zu rechnen ist, wenn wir konfliktbelastetes Material aus unserem Unbewußten berühren. Oft genügt geduldiges Hinschauen, behutsames Probieren, um solche Hindernisse in unserem Tag-Traum-Erleben aufzulösen. Ist der Widerstand erst überwunden, so kommt meist fruchtbare Konfliktarbeit durch das Nacherleben in den Tag-Traum-Bildern in Gang. Der Erfolg zeichnet sich häufig schon in derselben Tag-Traum-Sitzung unmittelbar ab. Er läßt sich an positiven Veränderungen der Bilder ablesen.

Am Ende der Reise, die Anne erlebte, zeigte sich ein deutlicher therapeutischer Fortschritt darin, daß sich das Landschaftsbild veränderte: Wo zu Beginn der Reise noch Schnee lag, verwandelte sich das Bild bei der Rückkehr in eine grüne Wiese mit Blumen.

Anne: Ich sehe eine Wiese. Sie ist grau. Das Wetter ist trüb. Da ist ein Holztor – mit einem Vorhängeschloß. Ich kann das Schloß öffnen. Ich schiebe das Tor ein Stückchen weit auf. Das geht schwer. Ich versuche, durch das Tor zu gehen. Ich hab' das Gefühl, ich bin da noch nicht ganz durch. Ein Teil von mir ist noch draußen.

Therapeut: Gehen Sie wieder zurück! Und dann versuchen Sie, noch einmal ganz langsam durch das Tor zu gehen!

Anne: Da ist Nebel. Ich kann nicht weiter. Eine Wand!

Therapeut: Versuchen Sie, an der Wand entlangzugehen!

Anne: Da ist Nebel. Ich hab' Angst.

Therapeut: Wovor?

Anne: Ich bin so allein. Ich fürchte, daß niemand mich lieb hat. Das schmerzt.

Therapeut: Ich weiß. Versuchen Sie trotzdem weiterzugehen, ganz langsam!

Anne: Ich kann nicht.

Therapeut: Doch, Sie können! Auch Blinde können laufen!

Anne: Da sind Platten. Da ist ein Weg. Es geht nach links. Rechts sind Stühle. Ich weiß auch nicht, was die da sollen.

Therapeut: Wohin möchten Sie gehen?

Anne: Den Weg entlang. – Aber es ist so neblig.

Therapeut: Sie werden Ihren Weg finden.

Anne: Ich sehe einen Baum.

Therapeut: Wie sieht er aus?

Anne: Er hat so Zweige wie Schalen. – Keine Blätter. Ich gehe jetzt weiter, durch einen Wald. Da sind Spuren von Schlitten. Ich sehe Hunde.

Therapeut: Haben Sie Angst?

Anne: Nein. Da ist Schnee. – Ich hab' jetzt eine Laterne, so eine ganz altmodische. – Da ist ein Haus. Es brennt Licht darin.

Therapeut: Gehen Sie hinein!

Anne: Die Tür ist zu.

Therapeut: Versuchen Sie, sie zu öffnen!

Anne: Ich gehe hinein. Ein Flur. Es ist niemand darin. – Eine Gastwirtschaft. Die Wirtin steht hinter der Theke. Sie zapft Bier.

Therapeut: Wie sieht die Wirtin aus?

Anne: Dick.

Therapeut: Fragen Sie sie, wer sie ist, und warum sie Bier zapft!

Anne: Sie sagt, sie sei die Wirtin. Es kämen gleich noch Gäste.

Therapeut: Möchten Sie etwas trinken?

Anne: Nein. Ich gehör' hier nicht hin. Ich möchte weitergehen.

Therapeut: Gut.

Anne: Ich möchte mir hier draußen im Schnee eine Hütte bauen. –

Ich sitze jetzt in meiner Hütte und ruhe mich aus. – So, jetzt bin ich wieder frisch.

Therapeut: Möchten Sie weitergehen oder lieber zurück?

Anne: Zurück.

Therapeut: Gut.

Anne: Hunde ziehen mich auf einem Schlitten. – Der Schnee ist jetzt zu Ende. Da ist wieder der Baum. Um ihn herum ist jetzt grüner Rasen. Ein Paar Blumen stehen darauf. – Die Platten. Die Mauer. Ich gehe wieder durch das Tor.

*

Ganz anders erlebt Gerd seine Reise durch das Tor der Vergangenheit. Gerd ist etwa 50 Jahre alt und als Zahnarzt erfolgreich in seinem Beruf. Er leidet unter Angina pectoris und unter Schlafstörungen.

Seine Reise durch das Tor der Vergangenheit verlief so eigenartig, daß sie sich leicht als Reinkarnationserlebnis deuten ließe. Gerd gibt einen eindrucksvollen Bericht von einer Seereise, die im 14. Jahrhundert von Portugal aus stattgefunden haben könnte. Die Einzelheiten sind so genau geschildert, daß es sich schwer vorstellen läßt, Gerd habe sich das alles aus dem Augenblick heraus ausgedacht. Dennoch können wir nicht ausschließen, daß es sich um Projektionen handelt, die ihren Ursprung ausschließlich in seiner Phantasie haben.

Über die Wahrscheinlichkeit, daß wir vor diesem Leben bereits früher in einer anderen Inkarnation auf dieser Erde gelebt haben, ist viel geforscht und gemutmaßt worden. Die Medien haben das ihre zu diesem publizitätsträchtigen Thema beigetragen. Doch soweit mir bekannt ist, konnte bislang kein wirklich stichhaltiger Beweis für die Existenz einer Reinkarnation erbracht werden. Es bestehen auch Zweifel, ob ein solcher jemals in wissenschaftlich unanfechtbarer Weise gelingen wird. Die besondere Schwierigkeit der Beweisführung liegt darin, daß sich sehr schwer ausschließen läßt, ob die Versuchsperson die Eindrücke und Kenntnisse, von denen sie im Zustand der Tiefenentspannung berichtet, nicht doch auf irgendeine Weise im Verlauf dieses Lebens gewonnen haben kann.

Wir nehmen während unseres ganzen Lebens eine ungeheuere Fülle an Sinneseindrücken in uns auf, die sofort ins Unbewußte absinken. Dennoch speichern wir sie dort zuverlässig. In der Tiefenentspannung können sie wieder abgerufen werden, auch ohne gezielte Absicht. Sie treten dann in unser Bewußtsein und erscheinen uns als völlig neu.

Die Reinkarnationslehre, die ja Bestandteil der wichtigsten östlichen Religionen ist, kann im Rahmen dieses Buches in ihrer Problematik nur angedeutet werden. Sie läßt sich auf keinen Fall als bloßes Phantasieprodukt abtun. Die Frage, ob es einen schicksalhaften Auftrag gibt, den wir in diesem oder in einem anderen Leben zu erfüllen haben, ist ernstzunehmen. Sie wird inzwischen von vielen anerkannten Wissenschaftlern diskutiert. Nur: Wir können sie bislang weder in der einen noch in der anderen Richtung eindeutig beantworten. Weitgehende Übereinstimmung besteht aber darüber, daß Reinkarnationserlebnisse im Tag-Traum-Erleben eine therapeutische Wirkung entfalten.

Am besten verschaffen Sie sich selbst einen Eindruck anhand des nachfolgenden Beispiels einer Tag-Traum-Reise.

Gerd: Ich sehe ein Tor aus Steinsäulen mit einer Inschrift. Ich kann sie nicht genau lesen: Anno, ein M, drei C sind da. Mehr kann ich nicht erkennen.

Therapeut: Können Sie durch das Tor gehen?

Gerd: Ja. Ich gehe jetzt da durch. Da ist eine Straße, mit so altem Pflaster. Sie ist sehr lang und führt geradeaus.

Therapeut: Können Sie diese Straße entlanggehen?

Gerd: Ich gehe jetzt da lang. Ich komme zu einem Schloß. Da ist viel Betrieb. Die Menschen laufen aufgeregt durcheinander. Ich weiß nicht, warum. Ich sehe auch Frauen in der Menge. Sie haben alle helle Haare. Das könnten Perücken sein.
Ich bin ein Wanderbursche, ungefähr 16 oder 17 Jahre alt. Ich trage so alte Kleidung aus der Zeit, ei-

nen breiten Hut, vornehm: kein Handwerker, eher ein junger Adliger, ein Minnesänger oder so …
Ich bin ganz allein. Die Menschen kümmern sich nicht um mich. Ich kann mich nicht bemerkbar machen.

Therapeut: Versuchen Sie, jemanden anzusprechen!

Gerd: Es gelingt nicht. Ich schaff' es nicht. – Jetzt geht das Bild weg … alles dunkel … Nebel …
Ich bin wieder auf der Straße. Eine Kutsche kommt vorbei, vierspännig. Der Kutscher sitzt auf dem Bock. Eine Frau schaut mich aus dem Fenster an. Aber ich kann keinen Kontakt aufnehmen. Die Pferde bewegen sich vorwärts, trotzdem bleibt die Kutsche auf derselben Stelle … Jetzt fährt sie vorbei …
Ich bin müde. Ich möchte schlafen.

Therapeut: Tun Sie das! –

Gerd: Ich sehe jetzt eine Stadt vor mir, eine schöne Stadt … Ich komme näher heran … Da ist ein Schiff, ein Segelschiff. Es wird beladen. Die Matrosen rollen Fässer und schieben Ballen hin und her. Ich gehe auf das Schiff. Der Kapitän steht auf dem Deck. Ich frage ihn, wohin die Reise geht. Er sagt: „Das wirst du gleich sehen!" Ich frag' ihn noch einmal. Da geht er weg zu seiner Mannschaft. Er sagt es mir nicht. Das Schiff legt ab. Es bewegt sich. Jetzt sind Wellen auf dem Meer. Ich seh' die Stadt, sie ist jetzt schon weiter weg, das Meer. Schön ist das, sehr schön! Ich möchte mehr Aussicht haben. Vom Mast aus da oben könnte man noch weiter sehen.

Therapeut: Steigen Sie doch einfach hinauf!

Gerd: Es geht. Ich bin oben. Ich sehe ganz weit. Es ist wunderschön hier, die Aussicht, das Meer!
Ich müßte jetzt eigentlich hinuntersteigen. Ich muß arbeiten. Aber ich möchte lieber hier oben bleiben.

Therapeut: Bleiben Sie! Man wird das akzeptieren.

Gerd: Ich schlafe hier oben im Mastkorb. –
Die Sonne geht über dem Meer auf. Es ist Morgen. Sehr schön! Ich sehe Land vor mir. Es kommt näher.

	Da sind Menschen. Indianer sind dazwischen, aber auch andere. Einer ist geschmückt.
Therapeut:	Der Häuptling?
Gerd:	Oder ein König. Von unserem Schiff rudern vier Männer zum Land. Der Kapitän ist dabei ... Das geht doch gar nicht ... Ich bin da vorn ganz nahe ... Ich bin doch auf dem Schiff! Unsere Leute legen etwas auf den Boden. Ich kann nicht erkennen, was es ist, wohl Geschenke. Sie gehen ein Stück zurück. Jetzt legen die anderen etwas auf den Boden. Sie gehen ein paar Schritte zurück. Das Ganze ist sehr feierlich, fast wie ein Ritual. – Jetzt geht das Bild weg. – Nebel. Ich bin wie in einer Wolke. Ich kann nichts erkennen. –
Therapeut:	Es wird ein neues Bild kommen.
Gerd:	Ja, da ist wieder das Tor von vorhin am Anfang. Ich kann jetzt die Inschrift erkennen: ein M, drei C, zwei X, ein V. und da ist noch ein Strich: Anno 1326. Ich geh' durch das Tor ...

Die exakte Angabe der Jahreszahl gibt uns die Möglichkeit, den historischen Rahmen für diese Reise einzugrenzen: Columbus landete erst 1492 in Amerika, als er auf dem Westweg nach Indien segeln wollte. Aber in Portugal begann das Zeitalter der Entdeckungen und des Kolonialismus sehr viel früher. Prinz Heinrich (1394–1460), der später den Beinamen „der Seefahrer" erhielt, obwohl er selbst nie zur See fuhr, rüstete dort bereits rund 80 Jahre vorher Schiffe aus, die mit modernsten Einrichtungen und hervorragenden nautischen Kenntnissen ihrer Besatzung ausgestattet waren. Die Zahl 1326 ist von daher gesehen nicht unwahrscheinlich. Aber: Wie kommt Gerd zu derart präzisen Angaben?

Seine Geschichtskenntnisse übersteigen das übliche Maß an Allgemeinbildung auf diesem Gebiet nicht.

Aus seinem Wachbewußtsein heraus war es ihm nicht möglich, zusätzliche Informationen zu geben. Ihm selbst, einem eher nüchternen Naturwissenschaftler, erschien es am überzeugendsten, sich diese Reise als Reinkarnationserleben zu erklären.

12. Tag-Traum-Reise in den Garten Eden

Ich kann vom Menschen etwas nicht loslösen: das ist der Tod. Ich behaupte, daß die erste wissenschaftliche Entdeckung des Menschen jene war, daß er sterblich ist. Der Mensch steht seither unter einem Schock, der ihn zur Metaphysik zwang, der ihn zur Religion zwang, der ihn zur Kunst zwang, der ihn zu allen möglichen Listen zwang. Durch die Erkenntnis seiner Sterblichkeit wird in ihm der Wunsch wach, seiner Sterblichkeit zu entfliehen, und er wird kreativ, ein Gott: ein Schöpfer oder ein Zerstörer. Das Dilemma des Menschen besteht darin, daß er zwar weiß, daß er sterblich ist, aber so lebt, als wäre er unsterblich. Er lebt drauflos. In ihm ist die evolutionäre Krise, in der er heute lebt, vorprogrammiert, eine Krise, von der ich nicht weiß, wie er herauskommt.

Friedrich Dürrenmatt in einem Interview mit Fritz J. Raddatz,
in: Die Zeit vom 16. 8. 1985, S. 33.

Immer wieder haben die Menschen gerätselt, wo denn der Paradiesgarten Eden geographisch gelegen haben könnte. In Südfrankreich, in der ungewöhnlich reich gesegneten Landschaft der Provence, sagt man: Wenn Gott je auf dieser Erde gelebt hat, dann hat er hier gelebt.

Ältere Legenden siedeln den Garten Eden im Bereich der vier Ströme Euphrat, Tigris, Gihon und Pischon in der Nähe des Persischen Golfs an. Ohne Zweifel gibt es noch eine Reihe anderer Orte auf der Erde, an denen sich Überlieferungen und Vermutungen für die Richtigkeit der einen oder anderen Theorie aufspüren ließen. Nur: Was bringt das alles? Ist der Paradiesgarten ein geographisch festlegbarer Ort? Oder läßt er sich nicht eher als ein Zustand umschreiben?

In einem erweiterten Sinne sprechen wir dort von Paradies, wo die inneren Vorstellungen der Menschen mit den äußeren Gegebenheiten vollkommen in Einklang stehen. Wir nennen diesen Zustand „Glück". Offenbar erleben wir ihn nur in wenigen und seltenen Sternstunden. Und selbst dann wird uns dieser Zustand meist erst bewußt, wenn er vorüber ist.

Schon Sigmund Freud vermutet:

„... daß der Mensch ‚glücklich' sei, ist im Plan der ‚Schöpfung' nicht enthalten."

Vielleicht ist die Sehnsucht nach dem Paradies das Bedürfnis, den frühkindlichen Zustand der Einheit mit der Mutter wiederherzustellen, in dem alles Erleben um Nahrung, Hautkontakt und Geborgenheit kreist. Erst später, mit dem Aufkommen des Zeiterlebens, lernen wir ja, Bedürfnisse aufzuschieben, die daraus entstehenden Spannungen zu ertragen und zu begreifen, daß nicht das Lustprinzip durch das ganze Leben hindurch vorherrschend bleibt.

Überall dort, wo eine heile Welt aufgebaut oder erhalten werden soll, müssen wir damit rechnen, daß unbewußt Paradiesvorstellungen beteiligt sind. Sie können sich im Nicht-wahr-haben-Wollen der Wirklichkeit äußern. Paradies könnte letztlich auch bedeuten: nicht sehen, wie dornig und voll Disteln unsere Lebensbedingungen wirklich sind. Erst wenn uns, wie Adam und Eva, die Augen aufgehen, erkennen wir die Wirklichkeit in ihrer ganzen Härte. Damit ist zugleich unsere paradiesische Existenz verwirkt. Es gibt kein

Zurück. Nur das Bewußtwerden, das Aufgeben aller Abwehrmaßnahmen und Verleugnungen, kann zur Heilung und zu menschlicher Reife führen[6].

12.1 Der Paradiesmythos der Bibel

O ihr Menschen! Ihr gleicht alle
der Urmutter Eva. Was euch gegeben ist,
reizt euch nicht, euch lockt beständig
die Schlange zu sich, zu dem geheimnisvollen
Baum: Um jeden Preis müßt ihr die
verbotene Frucht bekommen, sonst ist
das Paradies für euch kein Paradies.

A. S. Puschkin: Eugen Onegin, VIII, S. 27

Im Paradiesmythos der Bibel kommt der erste Anstoß zum Sündenfall durch den Zweifel. Die Schlange ist es, die dem Menschen solchen Zweifel ins Ohr setzt. Sie vergiftet den Zustand des selbstverständlichen Einsseins mit der Weltordnung aus Instinkten, Tabus, Glaubenssätzen und Wertsystemen. Gegenüber dieser Weltordnung erscheint sie deshalb als das Böse.

Andererseits: Von dem lebendigen Lebensfluß her gesehen ist das Infragestellen notwendig und positiv, sind Zweifel Anlaß zur Neuorientierung, ohne die es keine Weiterentwicklung, kein Reifen gibt. So bedeutet die Schlange auch Anstoß. Sie kann Teil sein von „jener Kraft, die stets das Böse will und doch das Gute schafft“[7]. Sie kann den Menschen aber auch zu jener wahnwitzigen Haltung der Gottgleichheit verführen, die seit dem Sündenfall, über den Turmbau zu Babylon, über Kain und Abel in direkter Linie hin zu Auschwitz führt.

Dieses Wie-Gott-sein-Wollen bewirkt nicht nur jenen Machtrausch, dem die Menschen immer wieder erliegen. Der Vollkommenheitswahn, das Streben nach totaler Perfektion hat noch eine andere, nicht weniger gefährliche Variante. Martin Buber schildert sie in einer seiner tragikomischen chassidischen Geschichten:

Ein Mann konnte nie behalten, wohin er abends beim Ausziehen seine Kleider legte, so daß es ihm schwerfiel, am Morgen seine sieben Sachen zusammenzusuchen. Aus Sorge darum mochte er schließlich schon nicht mehr schlafen gehen. Eines Abends aber begann er damit, sorgfältig aufzuschreiben, wo er jedes Kleidungsstück hingelegt hatte. Am nächsten Morgen holte er seinen Zettel hervor und las: „Die Mütze“ – hier war sie. Er setzte sie auf; „die Hosen“, da lagen sie, er fuhr hinein, und so fort, bis er alles anhatte. „Ja aber, wo bin ich denn?“ fragte er sich am Ende, „wo bin ich denn geblieben?“ Umsonst suchte und suchte er, er konnte sich nicht finden[8].

So skurril diese Geschichte zunächst klingt: Sie enthält die ganze Tragik der Menschen, die meinen, erst dann zur Ruhe kommen zu können, wenn sie alle Bestandteile ihrer äußeren Welt perfekt durchorganisiert, numeriert und katalogisiert haben. Über all ihrer Geschäftigkeit verlieren sie den Zugang zu sich selbst: Sie kennen ihren eigenen Standort nicht mehr. Sie wissen nicht mehr, wer sie sind.

12.2 Die Symbolbedeutung der Schlange

In den Mythen, Märchen und Träumen verkörpert die Schlange längst nicht nur den Zweifel, die Klugheit und das Wie-Gott-Sein-Wollen. Sie hat weit mehr Bedeutungen.

Schon im Gilgamesch-Epos, das weit älter ist als die Genesis-Erzählung der Bibel, tritt die Schlange in Verbindung mit Sexualität und Wissen auf. Ihr wird – auf Darstellungen des Aesculap-Stabes erkennbar – Weisheit und Heilkunst zugeschrieben. Auch aus dem Grimm-Märchen „Die drei Schlangenblätter" und aus den Märchen von Bechstein „Oda und die Schlange", „Natterkrönlein", „Siebenhaut", kennen wir die Schlange eher als Glücksbringerin und Lebensretterin.

Bei vielen Völkern hat die Schlange Bedeutung als Fruchtbarkeitssymbol. So werden bei den Naturvölkern im Hochland von Guatemala noch heute exotische Schlängentänze aufgeführt, die die Maisernte schützen sollen:

Etwa 20 maskierte Männer und ein als Frau verkleideter Darsteller führen den Tanz auf. Am Tage vor der Aufführung haben die Männer Schlangen in einem Krug gesammelt und zum Hause des Frauendarstellers gebracht. Nach vorbereitenden Tänzen ergreift jeder Mann den Frauendarsteller und vollführt mit ihm die Bewegungen des Beischlafs. Die übrigen Tänzer schreien, vollführen obszöne Gesten, schwingen ihre Rasseln und machen unzüchtige Bemerkungen. Dann nimmt ein Tänzer nach dem anderen eine der am vorangegangenen Tag gesammelten Schlangen und steckt sie in den hinteren Ausschnitt seines Hemdes. Die Schlangen verschwinden, um aus einem Ärmel oder Hosenbein des Mannes herauszukriechen. Die Schlangen werden gesammelt, in das Kürbisgefäß oder in den Krug zurückgelegt und nach Beendigung des Tanzes in die umliegenden Wälder gebracht[9].

Wegen ihrer Ähnlichkeit mit dem Penis wird die Schlange immer wieder als männliches Sexualsymbol aufgefaßt. In den Märchen, Mythen und Träumen hinterläßt sie hier meist Gefühle von Angst. Bis heute umstritten ist, ob sich diese Angst vor der Schlange nicht

aus der Stammesgeschichte des Menschen erklären läßt. Es könnte sich um eine archaische Reaktionsbereitschaft handeln, die sich in einer Zeit entwickelte, als die Schlangen für den Menschen in der Natur allein schon wegen ihrer Fähigkeit, Beute aufgrund der Körperwärme aufzuspüren, gefährlich waren[10].

12.3 Der Baum ist ein Abbild des Lebens

Der Baum als archaisches Symbol ist mehr als ein Sinnbild für die Erkenntnis, zwischen Gutem und Bösem unterscheiden zu können. Über viele Jahrtausende verstanden die Menschen bestimmte Bäume, Blumen oder Früchte als besonders wichtig für ihr Leben und ihr Schicksal. Sie sahen in ihnen symbolhaft die Gesetzmäßigkeit des Blühens und Vergehens, des Reifens und Wachsens.

„Ein Baum ist ein Abbild des Lebens", sagten die nordamerikanischen Indianer, um auf diese Weise die enge Verbundenheit des Menschen mit der Welt der Bäume auszudrücken[11]. Der Baum wächst; er kann krank werden, sich selbst heilen. Wenn er erschöpft ist, stirbt er.

Der Baum spiegelt das menschliche Leben wider. Er wandelt sich. Er setzt sich mit widrigen Bedingungen auseinander, trotzt ihnen, paßt sich ihnen an. Er verändert sich und bleibt doch der Gleiche. Bäume geben den Menschen Trost, Schatten, Schutz. Wir spüren die Ruhe und Kraft in ihnen.

Ob wir den Mut hätten, heute noch einen Baum zu pflanzen, wenn wir wüßten, daß wir morgen sterben müssen?

Unser Glaube an das Wachstum ist erschüttert. Niemand hat Gewißheit, daß seine Kinder unter den Bäumen spielen werden, die er gepflanzt hat. Und dennoch pflanzen Menschen Bäume – auch in unserer Zeit: erst recht, vielleicht.

„*Wer möchte leben ohne den Trost der Bäume!*"
– so schrieb der Lyriker Günter Eich, der 1972 starb, in einem inzwischen berühmt gewordenen Vers[12].

C. G. Jung hat den seelischen Wachstumsprozeß, wie er vom Unbewußten gesteuert wird, mit dem Bild eines Baumes verglichen, dessen langsames Wachstum einem individuellen Muster folgt:

„Man könnte es sich etwa so vorstellen: In jeder Bergföhre ist das Bild eben der Bergföhre mit allen ihren Möglichkeiten gleichsam schon im Samen angelegt, aber jeder wirkliche Föhrensamen fällt zu bestimmter Zeit an einen bestimmten Ort, und da sind viele spezielle Umstände vorhanden, wie Erdbeschaffenheit, Steine, Neigung und Windlage des Hanges und Zeit der Sonnenbestrahlung. Das ganzheitliche Wesen der Föhre reagiert auf diese Umstände zum Beispiel durch krummes Wachstum, Ausweichen vom Stein, Hinneigen zur Sonne, und so kommt dann jene einmalige, nicht wiederholbare einzelne Föhre allmählich zustande, welche die einzige wirkliche ist, denn die ‚Föhre an sich' ist ja nur eine Möglichkeit oder eine Idee"[13].

Dieses Wachstum eines jeden Menschen ist etwas Einmaliges: Verwirklichen des Lebensplanes, Selbstentfaltung, Reifung, Individuation – oder wie immer man diese Entwicklung nennen mag.

12.4 Der Garten Eden im Tag-Traum-Erleben

Wie auf zahlreichen künstlerischen Darstellungen des Paradiesgartens, so tauchen auch im Tag-Traum-Erleben bei Menschen aus dem Kulturraum des christlichen Abendlandes immer wieder die Motive des Baumes und der Schlange auf: manchmal beide zusammen, dann wieder vollkommen unabhängig voneinander, ohne erkennbaren Zusammenhang.

Schauen wir uns einige Tag-Traum-Reisen mit dem Ziel „Garten Eden" aus der therapeutischen Praxis ein-

mal näher an: Eine junge Frau, etwa 25 Jahre alt, berichtet:

„Ich gehe lange Zeit durch Blumenwiesen, auf denen Obstbäume stehen. Schließlich lasse ich mich, von meiner Wanderung ermüdet, unter einem Baum nieder, um auszuruhen. Ich spüre plötzlich intensiv, wie ich selbst ein Teil der Landschaft werde. Die Grenzen zwischen meinem Körper und dem Boden, auf dem ich sitze, verwischen und lösen sich auf. Ich empfinde mich selbst als Teil der Natur. Die Kraft des Baumes, unter dem ich sitze, strömt durch meinen Körper hindurch in die Erde. Eine Schlange windet sich um den Baum. Aber es ist keine angsterregende, eher eine Heilschlange.

Ein alter Indianer kommt und setzt sich in meine Nähe. Von ihm strömt Ruhe aus. Ich gehe mit ihm in sein Dorf. Unterwegs muß ich auf einem Baumstamm einen Wasserfall überqueren, was mir in einer realen Situation im Urlaub in Südfrankreich nicht gelungen war. Ich hatte damals umkehren müssen.

In der Indianersiedlung angekommen, setze ich mich etwas abseits. Einen Augenblick lang denke ich, ich sei hier gefangen, erkenne dann aber, daß ich mich freiwillig in dem Dorf aufhalte, eher als Gast. Ich fühle mich bei den Indianern sehr wohl und sitze jetzt mit ihnen am Feuer. In meiner Nähe sehe ich auch den alten Indianer, der mich hierher geführt hat."

*

Eine andere Frau, sie ist ungefähr 45 Jahre alt, gelangt auf ihrer Tag-Traum-Reise in den Garten Eden zunächst durch ein Tor in eine Art Plantage. Sie geht einen Weg entlang, in den eine Wagenspur eingedrückt ist, über Wiesen. Eine braune Schnecke begegnet ihr und ein Käfer. Die Landschaft weitet sich immer mehr. Da sind Felder in ungewöhnlich satten Farben. Es ist Erntezeit. Die Tagträumende empfindet, wie irdisch doch das Paradies ist. Sie legt sich unter einen gewaltigen uralten Baum, offenbar eine Eiche. Sie spürt, wie ihre Arme so stark werden wie die Zweige des Baumes.

*

Auf der Eden-Reise eines 45jährigen Mannes sind zunächst Widerstände zu überwinden. Konflikthaltiges Material tritt aus dem Unbewußten hervor und drängt an die Oberfläche, wo es im bildhaften Nocheinmal-Erleben aufgearbeitet werden kann:

„Ich trete durch den Schwingflügel eines Holztores. Es sieht aus wie der Eingang zu einer Ranch. Über dem Tor sehe ich eine Inschrift: ‚Paradies'.

Nachdem ich durch das Tor gegangen bin, ist plötzlich alles finster um mich. Ich bin in einem Tunnel und laufe links auf einer Straße entlang. Um mich herum brausen Autos in mörderischem Tempo. Da die Straße an beiden Seiten von Felswänden begrenzt ist, kann ich nicht ausweichen. Mir wird klar, wie gefährlich mein Gang durch diesen Tunnel ist. Aber ich gehe dennoch weiter.

Endlich sehe ich die helle Öffnung des Tunnelausgangs vor mir. Warmes Sonnenlicht umgibt mich. Ich stehe inmitten einer wunderschönen Landschaft. Ich lege mich ins Gras unter einen jahrhundertealten Baum und ruhe mich aus. Plötzlich verschmelze ich auf eigenartige Weise mit dem Baum. Meine Haare werden zu Gras, dann zu Wurzeln. Meine Kraft geht durch die Wurzeln in den Baum, und umgekehrt strömt die Kraft des Baumes durch mich hindurch. Ich werde Teil dieses Baumes, gehe in ihm auf. Ich verliere dabei meine Identität, werde aber Teil eines kosmischen Ganzen. Dieses Gefühl erlebe ich als ungewöhnlich und völlig neu, aber als sehr positiv."

Dieses Erlebnis des Verschmelzens mit dem Baum oder mit dem Boden, das hier immer wieder anders und doch ähnlich geschildert wird, ist aus den verschiedensten Kulturkreisen und Weltreligionen überliefert und beschrieben worden. Im Zen-Buddhismus wird die Erfahrung des kosmischen Verschmelzens Satori oder Kensho genannt, im Yoga Samadhi oder Moksha, im Taoismus „der absolute Tao". Sufis nennen es Fana, die christlichen Mystiker „unio mystica", das Einswer den mit Gott. Gleich wie wir diese Erfahrung bezeichnen: Die Worte beschreiben eine vollkommene Veränderung unseres Bewußtseins und das Erleben des Einsseins mit Gott oder dem Urgrund des Seins. Die Trennung zwischen Individuum und Umwelt ist in diesem Zustand aufgehoben. Der Mensch erlebt sich nicht mehr als getrennt von anderen Menschen, von der Natur und vom Kosmos. Er fühlt sich eins mit allem, was lebt und existiert. Meister Ekkehard beschreibt diese Erfahrung so:

„Der Wissende und das Gewußte sind eins. Einfache Menschen stellen sich vor, daß sie Gott so sehen sollten, als ob Er dort steht und sie hier. Dies ist nicht so. Gott und ich sind eins im Wissen“ [14].

13. Tag-Traum-Reiseziel: Der Brunnen

Erzähl uns von Brunnen, von –
Zähl und erzähl.
Wasser: welch
ein Wort

Paul Celan: Sprachgitter, Frankfurt a. M. 1959

Für uns moderne Menschen genügt ein Handgriff, wenn wir Wasser brauchen, um uns zu erfrischen oder zu reinigen: Der „Diener aus der Wand" liefert uns so viel von dem klaren Naß, wie wir brauchen, prompt und zuverlässig. Kaum jemand fragt nach, wie das Wasser zu uns kommt, ob es noch Brunnen gibt und wo sie zu finden sind. Wasser ist zum selbstverständlich verfügbaren Element geworden. Wenn wir heute fragen, dann eher: Ist unser Wasser noch zum Trinken geeignet? Wie hoch sind die Nitratwerte? Und enthält es andere Chemikalien oder Giftstoffe, die uns vor dem Genuß zurückschrecken lassen?

13.1 Wenn niemand mehr weiß, wie ein Brunnen aussieht ...

Unsere Kinder kennen keine Brunnen mehr. Wird der Brunnen als archaisches Symbol dennoch in ihren Träumen weiter vorkommen? Findet das Unbewußte der modernen Menschen andere, neue Ausdrucksformen, in denen es den Symbolgehalt des Wortes Brunnen ausdrückt? Oder wird unsere Traumsprache und damit die Ausdrucksmöglichkeit unseres Unbewußten unwiderruflich ärmer werden? – Fragen, mit denen sich die Traumforschung auseinanderzusetzen hat, auf die es einstweilen noch keine sichere Antwort gibt. Wir sind auf unsere Beobachtungen angewiesen, auf das therapeutische Traummaterial, das uns zur Verfügung steht. An ihm lassen sich in der Tat interessante Veränderungen ablesen.

So träumen die Menschen unserer Zeit offenbar weniger von Drachenungeheuern, wie wir sie aus den Mythen und Märchen kennen. An die Stelle dieses Traumsymbols tritt heute eher das Bild von Baggern, Raupenfahrzeugen und Panzern, besonders in den Träumen von Kindern. Vermutlich werden sich an dem Traumbild „Brunnen" in Zukunft ähnliche Veränderungen zeigen. Noch läßt sich diese Entwicklung nicht absehen. Noch können wir einer Verarmung unserer Traum- und Seelenlandschaft entgegenwirken, indem wir uns mit dem jahrtausendealten mythischen Brunnenbild und seiner archaischen Bedeutung auseinandersetzen.

Für die Menschen früherer Zeiten waren Brunnen von existenzieller Bedeutung. Sie rechtzeitig auf der Reise aufzufinden, konnte über Leben und Tod entscheiden. Ansiedlungen, Reisewege, die Bewirtschaftung der Ländereien: Das alles hing vom Vorhandensein eines Brunnens ab.

Wasser als lebenserhaltendes Element hat eine so überragende Bedeutung, daß sich allein daraus seine kultische Funktion erklärt. Die Sitte, Menschen aus ri-

tuellen Gründen im Wasser unterzutauchen, etwa um sie von ihrer Schuld zu reinigen, findet sich seit Jahrtausenden in vielen der großen Religionen. Die christliche Taufe in der uns vertrauten Form läßt sich auf diesen Brauch zurückführen.

13.2 Das Brunnenmotiv in den Träumen, Mythen und Märchen

In der Traumsprache symbolisieren Brunnen und Quellen mit fließendem Wasser in ihrer allgemeinsten Bedeutung meist körperliche und geistige Stärkung und Reinigung.

Der Brunnen steht in Zusammenhang mit dem Wasser, aber auch mit der Tiefe eines Geheimnisses und mit dem Zugang zu verborgenen Quellen. Im Traum enthält er oft Lebenswasser, psychische Energie. Oft stellt der Brunnen als Ort der Erfrischung ein irdisches Bild für paradiesische Freuden dar. Mit der Kaaba, dem Heiligtum des Islam in Mekka, ist ein heiliger Brunnen verbunden. Aus ihm trinken die Pilger, und sie nehmen heiliges Wasser mit in ihre Heimat.

Das Hinabsteigen in den Brunnen bedeutet in den Märchen, auch in den Tagträumen, häufig den Zugang zum Unbewußten und zu tiefer Erkenntnis. Das Eintauchen in das Wasser des Brunnens gibt vielen Menschen Gesundheit und Lebenskraft. Professor Hanscarl Leuner hat immer wieder auf die erstaunliche heilende Wirkung des Wassers in der Tagtraum-Therapie hingewiesen[15].

In den Märchen und Mythen verkörpert der Brunnen oft einen weiblichen Aspekt. Er symbolisiert gleichsam den Urschoß des Lebendigen. Von daher kann dieses Symbol auch in Zusammenhang mit Sexualstörungen auftauchen. Wenn nicht ausgesprochen negative Zusatzsignale auftreten, hat das Bild des Brunnens in der Traumsprache eine sehr positive Bedeutung[16].

Brunnen sind im Märchen vielfach Orte, von denen aus man in ein jenseitiges Land gelangen kann. Zu Frau Holle zum Beispiel gerät man durch einen Brunnen. Und auch in dem Grimm-Märchen vom Eisenhans erhält der junge Sohn des Königs den Auftrag:

> „Siehst du, der Goldbrunnen ist hell und klar wie Kristall: du sollst dabeisitzen und achthaben, daß nichts hineinfällt, sonst ist er verunehrt. Jeden Abend komme ich und sehe, ob du mein Gebot befolgt hast" [17].

Natürlich bricht der Knabe das Tabu, wie es kaum anders zu erwarten wäre: Dieses Tabu hat eine Schutzfunktion. Aber wenn die Entwicklung des jungen Menschen weit genug fortgeschritten ist, verliert es irgendwann seinen Sinn. Das Tabu wird durchbrochen – notwendigerweise, denn sonst wirkt es sich hemmend auf die weitere Entwicklung hin zum jungen Manne aus.

Eine ähnliche Bedeutung hat der Brunnen auch in dem Märchen vom Froschkönig. Hier symbolisiert er allerdings eher einen wichtigen Entwicklungabschnitt im Leben einer jungen Frau: die Auseinandersetzung mit der Sexualität, die auch in ihrer kalten, glitschigen Seite – verkörpert durch den Frosch – voll akzeptiert und in die Partnerbeziehung integriert werden muß, wenn diese sich zu einer erfüllten und reifen Beziehung entwickeln soll.

13.3 Der Brunnen als therapeutisches Tag-Traum-Reiseziel

Im Tag-Traum-Erleben läßt sich das Motiv „Brunnen" von den meisten Menschen problemlos einstellen. Es entfaltet sich im allgemeinen sehr ergiebig. Oft steigen dabei archaische Inhalte aus dem Unbewußten ins Bewußtsein auf und helfen uns, wichtige Probleme unseres ganz persönlichen Lebens anders, neu zu sehen.

Anne erlebt auf ihrer Tag-Traum-Reise beim Einstellen des Brunnenmotivs ihre Geburt noch einmal. Ihr werden dabei sehr schmerzliche Gefühle bewußt, die sie bisher verdrängt hatte, die aber – wie das sich anschließende therapeutische Gespräch zeigt – durchaus negative Auswirkungen auf ihr Leben hatten. Jetzt, nachdem sie sie noch einmal bewußt durchlebt hat, kann sie sich von ihnen befreien.

„Ich sehe einen Brunnen. Er ist aus unregelmäßigen alten Steinen gemauert. Darüber ist ein Holzaufbau, ein Dach; an der Seite eine Kurbel, eine Seilwinde. Dort zog man früher den Wassereimer hoch. Aber er ist nicht mehr da. Ich sehe ihn nirgends.

Ich klettere auf den Brunnenrand. Da sind Gitter über der Öffnung. Ich versuche, sie hochzuheben. Aber das gelingt nicht. Schließlich kann ich mich zwischen dem Gitter hindurchzwängen.

Meine Augen müssen sich erst an die Dunkelheit gewöhnen. An der Wand erkenne ich Eisenbügel. Auf ihnen klettere ich in den Brunnenschacht hinein – endlos lange. Seitengänge zweigen ab. Zeitweise habe ich eine Laterne bei mir. Dann wieder fühle ich mich wie ein Maulwurf. Ich grabe mich durch die Erde und komme oben auf einer Wiese an, werfe kleine Haufen auf und grabe mich wieder in die Erde zurück.

Die Gänge werden immer enger. Zum Schluß muß ich mich richtig hindurchzwängen. Das dauert endlos lange. Dann sehe ich helles Licht. Mein Vater ist da. Er trägt eine altmodische Nikkelbrille, wie ich sie nicht an ihm kenne. Dann sind da noch meine Mutter, zwei Krankenschwestern und im Hintergrund ein Arzt. Aber er scheint keine große Rolle zu spielen. Alle wirken seltsam unbeteiligt. Niemand scheint sich zu freuen. Ich denke: „Wann werden sie mich endlich abwaschen." Ich bin blutbeschmiert. Ich bekomme einen Krampf im Fuß. Da packt mich die eine Krankenschwester an diesem Fuß und hält mich so mit dem Kopf nach unten. Sie sagt: ‚Es ist ein Mädchen'."

Das therapeutische Gespräch im Anschluß an diese Tag-Traum-Reise nahm folgenden Verlauf:

Therapeut: Haben Sie das Gefühl, Sie sollten ein Junge werden?

Anne: Nein, das nicht. Meine Eltern hatten schon zwei Kinder. Beide sind im Krieg umgekommen. Das hat meine Mutter nie verwunden. Danach kamen noch drei. Ich bin das dritte. Vor mir waren ein Junge und ein Mädchen, wie die beiden davor.
Auf dem Totenbett hat meine Mutter zu mir gesagt, wenn das mit den beiden Kindern nicht gewesen wäre, dann läge sie jetzt nicht hier."

Therapeut: Sie hat nicht trauern können um die beiden Kinder?

Anne: Damals war Krieg. Da war keine Zeit für so etwas. Da ging es ums Überleben.

Therapeut: Wer nicht trauern kann, kann auch nicht lieben.

Anne: So erklär' ich mir, daß sie sich nicht freuten. Ich wollte eigentlich gar nicht geboren werden. Ich fand den Zustand vorher schöner. Ich mag auch morgens nicht aufstehen. Ich stell' mir drei Wecker, die überhör' ich leicht. Mein Kreislauf kommt morgens nicht in Gang. Er bleibt in Ruhestellung.
Als ich da so lag, merkte ich deutlich, daß da jetzt etwas passiert ist. Ich weiß nicht, was. Wahrscheinlich war es das Abnabeln. Da veränderte sich etwas in mir. Der Atem, das wurde alles ganz anders. Mich erschüttert, daß sich niemand freute …

*

Eine andere Patientin in der Gruppe, Cornelia, 25 Jahre alt, hat Schwierigkeiten im Umgang mit der Macht. Jede Anweisung, die sie im Betrieb erhält, in dem sie tätig ist, fordert ihren Widerspruchsgeist heraus. Sie kann sich sehr schwer einfügen. In ihrer Ehe führt diese Eigenschaft zu ähnlichen Problemen. Ihr Mann und sie liefern sich harte Machtkämpfe. Der Gedanke an eine Trennung taucht in letzter Zeit öfter auf, obwohl die beiden erst seit drei Jahren verheiratet sind.

Cornelia berichtet von ihrer therapeutischen Tag-Traum-Reise mit der Einstellung des Brunnen-Motivs:

Ich steige in einen alten ummauerten Brunnen. Es geht sehr tief hinunter. Unterwegs, auf einer Art Treppenabsatz, finde ich Gartenzwerge. Ich werfe sie in den Brunnenschacht hinab, obwohl ich das eigentlich nicht tun will. Ich handle fast wie unter einem Zwang. Das Geräusch der unten aufschlagenden Zwerge klingt manchmal so, als ob auf dem Grund des Brunnens Wasser wäre. Dann wieder klingt es so, als ob sie auf festem Boden aufschlagen. Manchmal höre ich überhaupt kein Geräusch, als ob der Brunnen unendlich tief wäre.

Weiter unten im Brunnenschacht treffe ich auf einen Zauberer. Ich habe Angst vor ihm und will fliehen. Ich entschließe mich aber doch, ihn anzusprechen. Ich frage ihn: „Was willst du von mir?“ „Ich will dich zu meiner Geliebten machen“, sagt der Zauberer. Dann habe ich keine Angst mehr vor ihm. In den Brunnenwänden sind stufenartige Vertiefungen angebracht. Ich steige noch tiefer hinab.

Schließlich komme ich in eine sehr schöne Landschaft: eine weite Ebene, Berge. Mir ist klar, daß ich hier eine Quelle finden soll. Aber es gelingt mir nicht. Ich stehe völlig hilflos da und rühre mich nicht vom Fleck, obwohl ich weiß, ich müßte etwas tun. Ich kann nicht bitten. Ich bin eigentlich kein religiöser Mensch. Aber schließlich bitte ich eine überirdische Macht um Hilfe. Ein Schäfer erscheint, den ich vorher schon einmal kurz gesehen hatte, der aber bald wieder verschwunden war. Er will mich zur Quelle führen. Ich gehe hinter ihm her. Bald ärgere ich mich darüber, daß ich *hinter* ihm gehe. Ich setze die Wanderung *neben* ihm fort. Schließlich kommen wir an einen Wasserfall. Das Wasser strömt stark und mächtig. Der Schäfer geht in den Wasserfall hinein und verschwindet darin. Ich weiß: Das ist nicht die Quelle, die ich suche. Ich habe es nicht geschafft, sie zu finden. Dennoch gehe auch ich in den Wasserfall. Mir ist kalt. Das ist wie Tod, wie das Ende.

Noch hat Cornelia ihr zentrales Problem nicht lösen können. Sie fühlt sich nachdenklich und fast deprimiert. Der Durchbruch gelingt ihr erst einige Sitzungen später – während der Tag-Traum-Reise zu einer Insel.

*

Schauen wir uns noch das Brunnen-Erlebnis eines jungen Mannes an, der sich wegen seines beruflichen Scheiterns in die Therapie begeben hat. Er bestand seine Abschlußprüfung nicht und verlor deswegen seine Stelle.

Horst, 23 Jahre alt, leidet, wie sein Tag-Traum-Erleben deutlich zeigt, unter dem Problem der Ablösung von seiner Mutter. In den therapeutischen Vorgesprächen, die vor Beginn der eigentlichen Gruppensitzungen stattfanden, hatten sich zunächst keinerlei Anhaltspunkte für das Bestehen eines solchen Konflikts ergeben.

Horst erlebt beim Einstellen des Brunnenmotivs auf seiner therapeutischen Tag-Traum-Reise zunächst ein völlig anderes Bildgeschehen, das scheinbar nicht zum Thema gehört. Unerwartet tritt dann doch das Brunnenmotiv in den Vordergrund des Geschehens. Es entwickelt beachtliche Dramatik. Bereits am Ende dieser Sitzung läßt sich ein therapeutischer Fortschritt ablesen: Es gelingt Horst, die Ungeheuer, die ihn bedrohen, zu besänftigen, indem er konsequent das Prinzip des Nährens und Anreicherns anwendet.

„Ich sehe einen gewaltigen Wasserfall vor mir. Ich versuche, näher heranzukommen und meine Hand in das Wasser zu halten. Aber das gelingt nicht. Das Wasser ist trübe und so stark, daß es mich mit sich fortreißen oder mich erschlagen würde. Das Wasser stürzt einen steilen Felshang hinunter. Ich folge ihm, indem ich seitwärts in der Felswand herabklettere. Ich halte mich dabei an Bäumen und Ästen fest. Schließlich klettere ich an einem Seil abwärts. Doch das Seil reißt. Ich stürze ab und falle mitten in einen Brunnen, in dem es von Krokodilen nur so wimmelt. Sie schnappen sofort nach mir. Doch es gelingt mir, mich am Brunnenrand hochzuziehen. Unter mir brodelt das Wasser, das die aufgeregten Tiere aufwühlen. Ich werfe Körbe voll Fleischbrocken in den Brunnen, bis die Krokodile allmählich satt und ruhig werden. Dann steige ich in den Brunnen hinab. Vom Rand aus versuche ich, eins der Tiere anzufassen. Ich fühle seine kühle, hornige Haut. Das Krokodil schnappt nach mir, aber nur träge und ungefährlich. Am Rand des Brunnens ruhe ich mich aus. Ich bin müde."

Drachen, Krokodile und ähnliche Tiere gelten in der Sprache des Traumes als negative Muttersymbole. Sie stellen die bedrohliche, verschlingende Seite der Mutter dar (wir werden im folgenden Kapitel näher auf sie eingehen). Horst gelingt es, sich tatkräftig und erfolgreich mit dieser Seite auseinanderzusetzen: ein beachtlicher Erfolg, der sich zunächst in Horsts Tag-Traum-Erleben noch einige Male wiederholt, bis er sich schließlich in Form erhöhter kämpferischer Durchsetzungskraft auch in seinem realen Leben auszuwirken beginnt.

14. Tag-Traum-Reise auf eine Insel

Es ist so, als hätte mich die Mutter
mit irgendeinem Mangel auf die Welt gesetzt,
als fehle mir etwas, was alle anderen
Menschen haben und was der Mensch vor
allem anderen braucht. Den inneren Weg
habe ich nicht ... Verstehst du?

M. Gorkij: Mein Kamerad Konowalow; Reklam 4445; S. 28

Auf eine Insel reisen, das bedeutet: rundum von Wasser umgeben, in seinen Bewegungsmöglichkeiten eingegrenzt sein, Grenzerfahrungen erleben, vor seinen Problemen nicht länger weglaufen können. Es bedeutet aber auch: ganz anders leben als bisher, Abstand gewinnen inmitten von Natur, Ruhe finden, Zeit haben nachzudenken, sich zu besinnen, am Strand mit den Kleidern alle jene Sorgen abzulegen, die gewöhnlich unseren Alltag füllen.

Mit jemandem auf einer einsamen Insel leben wollen, das ist in unserem Sprachgebrauch Ausdruck absoluten Vertrauens. Wer sich dazu entschließt, liefert sich dem anderen aus, verläßt sich auf ihn, ist auf ihn angewiesen, kann aber auch auf ihn eingehen.

Ein Insel-Leben wie Robinson führen, das heißt, vollkommen allein sein, die Einsamkeit aushalten können, auf die liebgewordenen Zivilisationsgewohnheiten verzichten, die uns unbemerkt entmündigen können, es heißt, selbständig werden und unabhängig, in Einklang mit der Natur leben, aber auch: ihr auf Gedeih und Verderb ausgeliefert sein.

In der Sprache der Träume kann die Reise auf eine Insel den Aufbruch zu neuen Ufern, in seelisches Neuland bedeuten. Manchmal symbolisiert sie gefährliche Situationen, wie sie eine Reise über das Meer mit sich bringt.

Eine Insel liegt isoliert im Meer, dem Symbol für das Unbewußte. Traumerlebnisse von einer Insel können daher auch auf seelische Probleme hinweisen, die zu einer Isolierung von den Mitmenschen und der Gesellschaft führen. Die Sprache unserer Träume ist so vielschichtig, daß eine genaue Deutung von Traum- und Tag-Traum-Bildern immer nur aus dem Handlungszusammenhang möglich ist, in dem Symbole wie Meer und Insel auftreten.

14.1 Die Geisterinsel: Ein Südseemärchen

Bei uns gibt es verhältnismäßig wenige Märchen, in denen die Insel in ihrer archaischen Symbolbedeutung vorkommt. Das mag mit der geographischen Lage unseres Kulturraumes zusammenhängen. Reisen wir also mit unserer Phantasie in die Südsee! Für die Naturvölker, die dort leben, ist „die Insel" etwas wie ein normaler Lebensraum, dessen Beschaffenheit tief bis in ihre Märchen und Mythen hinein wirkt.

Die Naturvölker der Südsee haben eine sehr viel ursprünglichere, elementare Beziehung zu ihren Mythen und Märchen als wir. Falls sie bei uns je in vergleichbarer Intensität vorhanden war, ist sie längst Opfer unserer kulturell einseitigen Entwicklung zur Kopflastigkeit geworden.

Die Märchenforschung hat immer wieder Ähnlichkeiten in den Märchen der Völker aus unterschiedlichen Kulturbereichen aufzeigen können. Bis heute ist es ihr aber nicht eindeutig gelungen, die Frage zu beantworten, wie sich diese Ähnlichkeiten bei Völkern erklären lassen, die nachweislich niemals in irgendwelchen Kontakt zueinander getreten sind.

Eine Erklärung bietet sich an, wenn wir mit C. G. Jung davon ausgehen, daß alle Menschen, selbst wenn sie unterschiedlichen Rassen und Kulturen angehören, einen kollektiven Bereich ihres Unbewußten gemeinsam haben.

Ein anderer Erklärungsversuch wäre folgender: Der Entwicklungsprozeß, den jeder Mensch im Laufe seines Lebens durchläuft, vollzieht sich bei allen Völkern und in allen Kulturräumen nach einem bestimmten Grundmuster. Dann liegt die Annahme nahe, daß auch die psychischen Probleme, die im Verlauf dieser Entwicklung auftreten, in ihrer Struktur ähnlich und vergleichbar sind. Es gibt offenbar einen festen Entwicklungsplan, den jeder Mensch in der gleichen Folge durchläuft, unabhängig davon, welcher Rasse er angehört und auf welchem Kontinent er aufwächst. Wenn sich aber die Grundprobleme der Menschen ständig variierend wiederholen, dann liegt es nahe, daß auch die wesentlichen Aussagen der Menschen über diese Grundprobleme in allen Kulturbereichen Ähnlichkeiten aufweisen. Die wichtigen Aussagen über die psychischen Grundprobleme der Menschen aber finden wir in ihren Mythen und Märchen.

Überprüfen wir diese Theorie ganz einfach an einem Märchen aus der Südsee, aus Melanesien:

DIE GEISTERINSEL [18]

Sage deinem Herzen, es soll zu mir kommen, so wie meine Worte zu deinen Ohren kommen, meine Worte von der Geisterinsel.

Auf dem Meer schwamm eine große und schöne Insel. Auf den Bäumen hingen viele Früchte, und in den Wäldern flossen viele Quellen. An der Küste stand ein reiches Dorf mit vielen Menschen. Aber diese Menschen bauten Boote, um die Insel zu verlassen. Auf der Insel lebte nämlich ein böses Ungeheuer, das die Menschen erwürgte. Die Angst war es, welche die Menschen von der Insel trieb.

Sie schlachteten alle Schweine, brieten sie und luden sie in die Boote. Dann gruben sie alle Yamswurzeln aus, pflückten alle Bananen und luden sie in die Boote. Dann bestiegen die Menschen des Dorfes die Boote und warteten auf die Flutwelle, die sie aufs offene Meer hinaustragen sollte. Plötzlich stand eine junge Frau am Ufer, die man vergessen hatte. Ein Boot wollte sie aufnehmen, aber es kippte um. Dann wollte ein anderes Boot sie aufnehmen, aber auch dieses kippte um. Und dann sank noch ein drittes Boot, und die Menschen sagten:

„Da du hierbleiben sollst, so bleib eben hier!"

Auf dem hohen Meer schaukelten viele Boote, aber die junge Frau stand am Ufer und war allein. Sie grub eine tiefe Grube, legte Essen und Trinken hinein und wohnte dort. Dann legte sie ein Feld an, und das Feld gab ihr Taro, Bananen und Zuckerrohr. Einmal schnitt ein Blatt sie in den kleinen Finger. Aus dem Finger tropfte Blut. Das Blut floß in eine kleine Grube im Boden hinein. Als das Grübchen voll war, floß es in ein zweites, füllte es aber nur etwas über die Hälfte. Die junge Frau deckte die Grübchen mit Erde zu und ging wieder an ihre Arbeit.

Die Tage eilten dahin. Eines Tages sah die junge Frau, daß nur wenig reife Bananen an den Bäumen hingen. Sie ging zum Feld, und die Bäume verbargen sie. Nur ihre Augen schauten hinaus. Die Augen sahen zwei Knaben auf dem Feld, einen größeren und einen kleineren. Sie pflückten Bananen. Die Frau ging auf sie zu, aber die Jungen liefen davon. Auch am nächsten Tage liefen sie davon und ebenso am übernächsten Tag. Am vierten Tage ging die Frau auf das Feld, als die Nacht noch nicht fort und der Tag noch nicht da war. Ein Bananenbaum verbarg sie, der gerade schöne Früchte trug. Sie deckte sich mit trockenen Blättern zu, nicht einmal ihre Augen waren sichtbar.

Die Jungen kamen und spielten, dann bekamen sie Hunger.

Der kleinere Junge sah die mit trockenen Blättern bedeckten Arme der Frau und sprach:

„Bruder, der Baum hat zwei Äste. Setz du dich auf den einen Ast, ich setze mich auf den anderen."

Sie setzten sich auf die Arme, und ihr Magen bekam gutes Essen. Das Herz der jungen Frau pochte, als sie die zwei kleinen Jungen auf ihren Armen hielt. Sie liebkoste sie und hielt sie fest. Da riefen sie ängstlich:

„Laß uns los, tu uns nichts, laß uns los!"

Aber die Frau sagte:

„Bleibt ruhig sitzen, und eure Ohren werden meine Worte hören."

Der Kleine aber schrie:

„Laß uns los, laß uns los!"

Doch der Große sagte neugierig:

„Wir sperren unsre Ohren auf, um deine Worte zu hören."

Da erzählte ihnen die Frau von dem Blut in den zwei Grübchen, aus dem sie beide geboren worden waren. Über den Bäumen lag jetzt nur Schweigen. Die Jungen saßen wie zwei Täubchen im Nest. Die Mutter kehrte mit den beiden Jungen in die Höhle zurück.

„Wo sind die Menschen?" fragten sie.

„Sie sind in die Boote gestiegen", sagte die Mutter. „Die Angst vor dem bösen Ungeheuer, das hier lebt, blies ihnen in die Segel."

Die Mutter kochte nachts das Essen, und die Jungen fragten:

„Warum kochst du unser Essen in der Nacht?"

„Wenn das böse Ungeheuer, das hier lebt, den Rauch sähe, würde es uns fressen."

Die Jungen fragten:

„Warum sprichst du so leise?"

„Wenn das böse Ungeheuer, das hier lebt, meine Worte hörte, würde es uns fressen."

Die Jungen fragten:

„Wie sieht das böse Ungeheuer aus, das hier lebt?"

„Es hat Krallen, die größer sind als seine Zähne, und Ohren, die größer sind als seine Krallen, und Arme, die größer sind als seine Ohren."

„Wo wohnt das böse Ungeheuer? Können wir es töten?" fragten die Brüder.

„Ja, wenn euch dabei viele Schilde und Speere, viele Pfeile und Bogen helfen." Doch dann stieg der Frau eine große Sorge in den Kopf, und sie sagte: „Tut es lieber nicht. Laßt das böse Ungeheuer in Ruhe, sonst bringt es euch um."

„Mutter, wir fürchten uns nicht. Speere und Pfeile werden das Ungeheuer durchbohren. Dann kannst du wieder in einer Hütte oben auf der Erde wohnen", sagten die Jungen. Dann machten sie feste und breite Schilde. Die Mutter zeigte ihnen eine Palme, aus der sie viele lange Wurfspeere schnitzten. Aus dem Holz anderer Bäume machten sie Bogen und viele spitze Pfeile.

„Legt die Pfeile auf", sagte die Mutter, „und schießt sie ab. Ich will sehen, wie weit sie durch die Luft fliegen und wie genau sie treffen." Sie legten die Pfeile auf und spannten die Bogen, aber die Bogen zerbrachen.

„Ihr habt keine guten Bogen", sagte die Mutter.

Als die Jungen größer wurden, fertigten sie größere Bogen und größere Pfeile. Sie legten die Pfeile auf und spannten die Bogen, aber die Bogen zerbrachen erneut.

„Ihr habt immer noch keine guten Bogen", sagt die Mutter. Als die Jungen herangewachsen waren, machten sie sehr große Pfeile und sehr große Bogen. Sie zeigte den Jungen eine Arekapalme und sagte:

„Legt die Pfeile auf und schießt sie ab. Schießt immer wieder mit euren Pfeilen. Wenn die Arekapalme umfällt, seid ihr stark genug."

Die Jungen spannten die Bogen. Diesmal zerbrachen sie nicht. Sie schossen die schweren Pfeile auf die Arekapalme ab, bis sie umfiel. Die Mutter sagte:

„Jetzt habt ihr Kraft genug. Ihr könnt das Ungeheuer besiegen, das hier wohnt und das die Menschen aufs weite Meer getrieben hat.“

Einmal machten die Jungen ein Feuer, um Rinde zu biegen. Aus der Rinde sollten kleine Boote werden. Von dem Feuer stieg dichter Rauch in die Luft. Plötzlich stürzte etwas Schwarzes auf sie herab und streckte große Krallen aus. Flink wie die Eidechsen sprangen die Jungen beiseite, und die Krallen schlugen in die Bäume ein. Und schon schossen die Jungen ihre Pfeile ab. Die Erde erdröhnte vom Fall eines schweren Körpers. Die Brüder schnitten dem Ungeheuer zwei große Krallen ab, rupften Federn aus den Flügeln und warfen den Körper fort. Die Krallen legten sie in den Rauch über dem Feuer und die Federn unter einen Stein. Dann zeigten sie beides der Mutter und sagten:

„Mutter, wir haben das böse Ungeheuer getötet. Sieh dir diese Krallen an!“

„Das ist ein Adler, Jungen, das Ungeheuer ist es nicht.“

Die Jungen fertigten jetzt Speere an, und schließlich hatte jeder so viele, wie Finger an jeder Hand sind und noch zwei dazu. Wenn der Feind vor dir steht, findet ein Speer besser den Weg zu seinem Herzen. Darum schlugen die Brüder Pfähle in den Boden ein. Auf die Pfähle legten sie kleine Baumstämme. Dann banden sie alles fest zusammen, damit ihre Füße gut darauf laufen konnten.

Viele solcher Holzböden bauten sie, einen neben den andern, und so nahe beieinander, daß man von einem auf den andern springen konnte. Der letzte Holzboden war ganz aus dem Holz des Eisenbaums gefertigt. Auf jeden Holzboden legten sie Speere.

Dann sangen und spielten sie. Sie nahmen eine große Muschel und trommelten auf ihr, und ihre Stimme schallte bis in den Wald. Plötzlich stürzte etwas Schwarzes aus dem Walde auf sie los. Riesengroße Ohren hatte das Untier. Die Jungen sprangen auf den Holzboden und warfen ihre Speere. Das Untier rüttelte an dem Holzboden und zerbrach ihn. Die Brüder sprangen flink auf den nächsten Holzboden und warfen wieder Speere nach ihm. Doch der Holzboden krachte zusammen. Sie sprangen auf den nächsten, doch auch dieser zerbrach. Schließlich waren alle Holzböden bis auf einen zertrampelt. Die Jungen standen jetzt auf dem letzten Holzboden und warfen die letzten Speere. Das

Eisenholz erzitterte, aber es gab nicht nach. Die Erde bebte, als der schwere Körper des Untiers zu Boden fiel. Die Jungen schnitten ihm die zwei riesigen Ohren ab und warfen den Körper fort. Dann zeigten sie die Ohren der Mutter und sagten:

„Mutter, wir haben das böse Ungeheuer getötet, sieh dir diese Ohren an!"

„Das ist ein Eber, Jungen, das Ungeheuer ist es nicht."

Einmal bauten sie ein neues Boot aus leichtem Holz. Sie nahmen ihre Beile aus geschliffenen Muscheln und fuhren aufs Meer hinaus. Dort schlugen sie mit ihren Beilen auf das Wasser ein. Der Lärm drang bis zum Meeresgrund. Plötzlich tauchte etwas Schwarzes auf und umschlang das Boot mit einem langen, kräftigen Arm. Schnell wie die Krabben sprangen die Brüder herbei und hackten den Arm ab. Das Untier ergriff das Boot mit seinem zweiten Arm, und das Boot legte sich schief. Doch die Brüder hackten auch den zweiten Arm ab. Da packte ein dritter Arm den Mast des Bootes, und das Boot neigte sich noch mehr. Doch die Jungen hackten auch diesen Arm ab. Und sie hackten einen vierten Arm am Bug und einen fünften Arm am Heck ab. Das Boot tanzte auf den Wellen, und immer wieder neue Arme umschlangen es. Die Beile schwirrten nur so durch die Luft. Endlich lag das Boot ruhig auf dem Meer. Hoch spritzte das Wasser, als der Körper des Untiers hineinfiel. Die Jungen nahmen einen Arm und räucherten ihn über dem Feuer, um die bösen Geister auszutreiben. Dann zeigten sie den Arm der Mutter und sagten:

„Mutter, wir haben das böse Ungeheuer erschlagen, sieh dir den Arm an!"

„Das ist ein Polyp, Jungen, das Ungeheuer ist es nicht."

Die Jungen fertigten ein paar Tage lang Schilde an. Sie hatten jetzt so viele, wie ein Strauch Blätter hat. Die meisten waren aus gewöhnlichem Holz, aber einige waren aus Eiche. Sie legten einen Schild auf den anderen. Unten lagen die schweren und festen, oben die leichten. Dann schnitzten sie viele Speere. Sie hatten so viele Speere, wie die Wiese Grashalme hat. Dann nahmen sie ihre Waffen und trugen sie tief, tief in den Wald hinein.

„Wir wollen nicht warten, bis wir aufgefressen werden. Unsere Pfeile und Speere werden das böse Ungeheuer schon finden", sagten die Jungen, und solche Worte trieben sie noch tiefer in den Wald hinein.

Da sahen sie ein kleines Mädchen, das am Wege saß und Nüsse knackte. Der jüngere Bruder fragte es:

„Du bist ja hier allein wie eine geknackte Nuß. Wo sind dein Vater und deine Mutter?"

„Die sind ins Lager des bösen Ungeheuers gegangen", sagte das kleine Mädchen.

„Führ uns hin", sagte der ältere Bruder.

Das kleine Mädchen ging voran. Sie kamen zu einem riesigen Baum. In seiner Krone hing ein Baumhaus, zu dem eine Leiter führte. Das Mädchen stieg schnell hinauf. Als es die erste Sprosse betrat, wurde es größer. Auf der zweiten war es noch ein Stückchen größer. Und so ging es weiter. Den Brüdern zog sich das Herz zusammen vor Angst. Als die Jungen vor dem Baumhaus standen, war aus dem kleinen Mädchen eine Riesin geworden. An ihren Händen wuchsen Krallen, die waren lang wie Speere. Am Kopf hatte sie Ohren, die waren groß wie Bananenblätter, und ihre Arme waren lang wie Bäume. Im Mund saßen Zähne wie Pfähle. Sie betrat das Baumhaus, kam aber gleich wieder zurück. In einer Hand hielt sie ein Bündel Menschenknochen. Sie kreischte:

„Wo sind eure Onkel, eure Tanten, eure Großväter und eure Großmütter? Hört, was ihre Stimmen euch zu sagen haben!" Und sie rasselte mit den Menschenknochen. In der anderen Hand hielt die Riesin ein Beil aus einer scharf geschliffenen Muschel. Langsam stieg sie die Leiter hinab. Plötzlich schleuderte die Riesin die Knochen auf die Jungen hinab. Ihre Schilde fielen zu Boden, und sie standen ohne Schutz vor ihr. Dann machte sie einen Satz und schwang das Beil. Die Brüder warfen mit Speeren nach ihr. Einer von ihnen traf die Riesin und verwundete sie. Der kleinere Bruder rief:

„Silihili!" Freude lag in seiner Stimme.

„Du lügst", schrie die Riesin. „Dein Speer flog vorbei."

Jetzt sprachen nur noch die Speere und das Beil. Die Beine der Brüder mußten rückwärts gehn. Die der Riesin gingen vorwärts, immer vorwärts. Der kleinere Junge sagte:

„Unser Körper verlangt nach Essen. Leg das Beil hin, teil unser Essen mit uns!"

Der größere Junge fragte leise:

„Willst du, daß sie noch stärker wird?"

„Das nicht! Doch solange sie ißt, läßt sie uns in Ruhe!" Sie zogen ihr Essen hervor, teilten und aßen. Als sie fertig waren, surrten wieder die Speere.

Die Mutter jammerte indessen in ihrer Höhle, und ihre Klagen flogen wie ein Schwarm Vögel über die Insel.

Auf dem Boden lagen jetzt nur noch die zwei letzten Schilde. Die Brüder hoben sie auf, und die Speere schwirrten. Die Riesin schlug ihre Krallen in das Eisenholz. Tiefer, immer tiefer. Das Holz packte die Krallen. Das Holz ließ die Krallen nicht los. Die Speere sausten und bissen das Ungeheuer.

Endlich schwirrte es nicht mehr in der Luft, und die Erde erdröhnte, als ein schwerer Körper auf sie niederfiel. Die Brüder stürzten vor Erschöpfung in die Knie. Dann streckten sie sich aus und schliefen einen ganzen Tag und eine ganze Nacht. Als der nächste Tag kam, standen die Jungen auf. Sie schlugen der Riesin einen Zahn aus, schnitten ihre Krallen ab und gingen nach Haus.

Die Mutter jammerte in ihrer Höhle, und ihre Klagen flogen über den Wald. Sie wiesen den Brüdern den Weg. Sie kamen an die Küste. Den Zahn und die Krallen räucherten sie über dem Feuer. Sie kamen zur Mutter und zeigten ihr die Beute.

„Mutter, wir haben das böse Ungeheuer erschlagen. Sieh dir die Krallen und den Zahn an!"

„Ja, das war das Ungeheuer", sagte leise die Mutter. „Ihr habt die Insel befreit und sie den Menschen wiedergeschenkt."

„Die Menschen, die fortgezogen sind, hatten kleine Herzen, wir aber haben gekämpft", sagten die Brüder.

„Die Menschen, die fortgezogen sind, leben auf einer fremden Insel", sagte die Mutter. „Fremde Hütten geben nur Kälte. Doch sie werden zurückkommen und die Insel wieder in ihre Hände und in ihre Herzen nehmen."

Die Jungen bauten ein Boot. Der Rumpf war aus Holz. Das Segel wurde nicht von Lianen, sondern von den Armen des Polypen gehalten. Die Stangen, die zum Mast führten, waren aus den großen Zähnen der Riesin, die Segel aus den großen Ohren des Ebers, und das Steuer machten sie aus den Flügelfedern des Adlers. Am Bug setzten sie einen großen Zahn ein. Dann schoben sie das Boot ins Wasser, und Wind und Wellen trugen es aufs Meer. Der kleine Bruder sang:

„Gleite, Boot, gleite,
auf den Wellen reite.
Die Heimat ist befreit,
zu Ende Angst und Leid.
Laßt uns unsre Brüder finden,
ihnen unser Glück verkünden.
Gleite, Boot, gleite,
auf den Wellen reite.“

Das Meer trug das Boot zu einer fernen Küste. Dort ruhte es aus und spielte mit dem Sand. Da kam eine Frau, die Salzwasser zum Kochen holte. Sie rief die Männer und Frauen, die Greise und viele Kinder. Alle kamen herbeigelaufen. Sie sahen die Polypenarme, die Krallen, die Ohren, die Federn und die Zähne. Und sie erkannten das böse Ungeheuer von ihrer Insel. Ihre Augen leuchteten, und ihre Herzen schlugen wie die Brandung. Ihre Stimmen flogen über die fremde Insel und stiegen empor wie Vögel. Sie sangen:

„Glück, Glück, Glück,
wir kehren zurück!“

Sie luden die Habe in die Boote und segelten in ihre Heimat.

Sicherlich, auf den ersten Blick ist da Vieles anders, als wir es aus unseren Märchen kennen: Dieser beschwörende Anruf zu Beginn „Sage deinem Herzen, es soll zu mir kommen, so wie meine Worte zu deinen Ohren kommen ...“, wie ein Zauber klingt er, der die Zuhörer öffnen will für die Botschaft, die jetzt folgt, denn sie ist eine wichtige Botschaft.

Eine kurze Situationsschilderung von großer sprachlicher Dichte und hoher poetischer Qualität folgt. Schon steht diese Frau im Mittelpunkt, die das Geschehen von nun an entscheidend beeinflussen wird: die Mutter.

Mit knappen, treffenden Bildern umreißt das Märchen ihre Isolationssituation: Alle Boote, die die junge

Frau mitnehmen wollten auf dem Weg, den alle gehen, scheiterten. Andere Menschen können uns eben unsere persönliche Entwicklung nicht abnehmen. Das ist Arbeit, die jeder für sich allein leisten muß. In dem Märchen von der Geisterinsel gipfelt diese Erkenntnis in einem einzigen kurzen Satz: „Da du hierbleiben sollst, so bleib eben hier!“ Die persönliche Entwicklung ist jedem Menschen bestimmt, sie ist sein persönliches Schicksal, und sie vollzieht sich nach einem festen Lebensplan.

Fremd mutet zunächst dieses Symbolbild von den beiden kleinen Gruben an, in die das Blut dieser Frau tropft, als sie sich in den Finger schneidet. Aus den Erdgruben werden ihre beiden Söhne geboren. Wie in unseren alten Mythen, so hat die Erde auch hier mütterliche Qualität. Sie ist die Gebärende, aus der alles Leben entsteht. So unendlich weit ist der Weg von hier aus bis zu den Aussagen der Dichter unserer Zeit nicht. Die Bilder gleichen sich, nur ihre Aussagerichtung wird eine andere, wenn der irische Dramatiker und Nobelpreisträger Samuel Beckett davon spricht, daß die Frauen rittlings über der Grube gebären, oder wenn der Lyriker Hans Magnus Enzensberger die kurze Spanne menschlichen Lebens mit dem Bild vom Embryo in seinem warmen, zuckenden Sarg umreißt[19].

Zentrales Problem ist von nun an durch das ganze Märchen hindurch die archaische Mutter in allen ihren unterschiedlichen Aspekten. Als die Nährende tritt sie uns in der Gestalt der jungen Frau entgegen, die ihre Kinder großzieht, schützt, anleitet, ihnen Nahrung gibt.

Aber da ist immer auch die negative Mutterseite in der Gestalt des verschlingenden Ungeheuers. Es begegnet uns in unterschiedlichen Erscheinungsformen, die jeweils verschiedene Eigenschaften der negativen Mutter verkörpern: Das Umkrallende, Greifende zeigt sich in dem Adler, den die beiden Jungen erlegen. Sie haben damit ihre erste Probe bestanden. Aber, ganz wie in unseren Märchen, folgen hier weitere Prüfungen: Die Knaben besiegen den Eber. Er verkörpert die überwältigende Kraft, die ja immer auch Bestandteil der erdrückenden und verschlingenden Mutterliebe ist. Die dritte Probe, die Begegnung mit dem Polypen, zeigt das Umschlingende, Erstickende der negativen Mutterbeziehung, das sich in gleicher Weise tödlich auswirkt, wenn es nicht überwunden wird. Die drei Tiere lassen sich den drei Grundelementen zuordnen, in denen sich alles Leben abspielt. Der Adler repräsentiert den Lebensraum Luft, der Eber die Erde und der Polyp das Wasser.

Bei jeder der Auseinandersetzungen, denen sich die beiden Knaben stellen, hilft die schützende und nährende Mutter ihren beiden Kindern, den Kampf zu bestehen, der zur Unabhängigkeit, zum Erwachsenwerden führt. Sie leitet ihre Söhne an, wie sie sich ihre Waffen herstellen können, damit sie gut vorbereitet und stark in die Auseinandersetzung gehen. Das ist die positive Mutterseite, die ihre Kinder wirklich liebhat und sie deshalb loslassen kann, sie behutsam Schritt für Schritt von sich ablöst und in die Selbständigkeit entläßt.

Noch steht der entscheidende Kampf mit dem Ungeheuer bevor. In der Gestalt des Hilflosen, als kleines Mädchen auftretend, ist die Gefahr, die von der negativen Mutterseite ausgeht, kaum noch erkennbar. Mütter, die sich hilflos und schwach geben, um auf diese

Weise ihre Kinder an sich zu binden, sie sind im Grunde am gefährlichsten, weil die Kinder den versteckten Sinn ihrer moralischen Appelle nicht durchschauen können: Sie sind ihnen wehrlos ausgeliefert.

Bald schon zeigt sich das Monstrum, das sich hinter der hilflos schwachen Kind-Mutter verbirgt. Die beiden Knaben kämpfen den härtesten Kampf aller Kämpfe. Sie sind von der guten Mutter vorbereitet worden. Nun setzen sie ihre ganze Kraft ein und ihr ganzes Können, selbst das bewährteste Mittel der körperlich Unterlegenen steht ihnen im Kampf zur Verfügung: die List. Sie teilen ihr Essen mit der Riesin und wenden damit im Grunde das gleiche Prinzip des Nährens und Anreicherns an, das wir aus der Tag-Traum-Therapie als Empfehlung für den Umgang mit feindlichen Gestalten kennen. Sie bestehen den Kampf. Der Weg ist frei für ein entfaltetes, von emotionaler Wärme bestimmtes Leben in der Gemeinschaft. Die Menschen, die diesen Kampf scheuen (niemand *muß* ihn kämpfen, die Knaben suchen die Auseinandersetzung von sich aus), haben „kleine Herzen", sie müssen auf einer fremden Insel leben. Aber „fremde Hütten geben nur Kälte".

Alle wichtigen Probleme, die dieses Märchen aus der Südsee in für uns ungewohnten Bildern schildert, sind uns vertraut. Jeder junge Mensch, der in unserem Kulturkreis aufwächst, muß den Ablösungsprozeß von der Mutter in der gleichen Weise durchlaufen, wie ihn dieses Märchen aus einem anderen Kontinent schildert. Die Unterschiede im emotionalen Erleben der Grundkonflikte menschlichen Lebens sind zwischen den Völkern offenbar weit geringer, als Brauchtum und Sprache zunächst erwarten lassen.

14.2 Die Insel im Tag-Traum-Erleben

Tag-Traum-Reisen auf eine Insel fördern bei den meisten Menschen reichhaltiges Bildmaterial aus dem Unbewußten zutage. Das Tag-Traum-Erleben beschränkt sich dabei nicht auf bestimmte Themenkreise, so wie sich etwa das Südseemärchen von der Geisterinsel auf die Darstellung des Mutterproblems in allen möglichen Schattierungen konzentriert. Das Tag-Traum-Erleben verläuft meist sprunghafter, spontaner. Es wechselt seine Themen oft unvermittelt, setzt sich dann aber auch wieder über längere Zeit mit ein und demselben Problem auseinander. Manchmal läßt sich an einer Tag-Traum-Reise überhaupt kein fest umreißbarer Problemkreis erkennen, und dennoch tritt unerwartet plötzlich eine klärende Wirkung ein, mit der zu diesem Zeitpunkt weder der Therapeut noch der Tagträumende selbst rechneten.

So erlebte Cornelia zum Beispiel einen entscheidenden Durchbruch in ihrer Therapie während der therapeutischen Reise auf eine Insel. Cornelia berichtet:

„Ich schwimme durch das Meer zu einer Insel. Sie hat einen breiten Sandstrand. Eine Palme wächst dort. Ein Löwe kommt auf mich zu. Ich kenne ihn schon von früheren Tag-Traum-Reisen her. Ich möchte auf ihm reiten, aber das geht nicht, weil ich einen Fischschwanz habe. So hänge ich mich bei dem Löwen an den Hals und schwimme und tauche mit ihm.

Tief unten im Wasser treffe ich den Zauberer wieder, den ich schon von einer früheren Reise her kenne. Er sagt: „Ich will dir etwas geben!"

Ich frage ihn: „Was willst du mir geben?"

„Macht", antwortet er.

„Was für Macht?" frage ich zurück.

Aber er wiederholt nur: „Macht."

Zunächst will er mir auch einen kleinen Zauberstab geben. Aber dann tut er es doch nicht. Er sagt, ich könne meine Macht auch so bekommen.

Ich schwimme zurück an die Wasseroberfläche und weiter zu einer anderen Insel.

Jetzt kann der Löwe nicht mehr schwimmen. Ich trage ihn im Wasser und bin glücklich über die Kraft, die ich habe.

Über der Insel zieht ein Gewitter auf. Ein Blitz schlägt in die Palme. Aber das macht mir nichts aus. Ich schwimme und spiele und freue mich. Ich bin glücklich über den Fortschritt, den ich heute gegenüber den früheren Sitzungen erreicht habe. Zwischendurch war das alles manchmal schwer zu ertragen. Aber jetzt habe ich das Gefühl, ich bin durch das Gröbste hindurch. Es geht vorwärts. Ich kann jetzt auch über Befehle sprechen und bin nicht mehr allergisch dagegen."

(Cornelia hatte in der ersten Sitzung sehr empfindlich reagiert, als der Therapeut bei der Erläuterung der Grundregeln des Autogenen Trainings von Befehlen sprach, die man sich selbst geben müsse).

Noch längst sind nicht alle Konflikte aufgearbeitet, unter denen die junge Frau zu leiden hat. Aber hier ist zum erstenmal ein deutlicher Schritt vorwärts erkennbar. Cornelia ist im Begriff, ihr Machtproblem, das sie in der Partnerschaft und im Beruf immer wieder stark belastete, zu lösen. Ein Erfolg zeigt sich deutlich darin, daß sie zum erstenmal imstande ist, ruhig und sachlich über das Problem „Macht" zu sprechen, ohne gleichzeitig ein begleitendes Feuerwerk aggressiver Emotionen zu erleben.

ANMERKUNGEN

1 Martin Buber ^{8}1981, 43–45.
2 Vgl. Hanscarl Leuner ^{3}1982, 85 ff.; s. a. Günter Harnisch 1986, 117 f.
3 Lutz Schwäbisch / Martin Siems ^{5}1981, 13.
4 Bechsteins Märchen, 101 ff.
5 F. Betz ^{2}1978, 42.
6 C. G. Jung 1973, 537 ff.; vgl. auch Mario Jacoby 1980, 136 f., 184 ff.
7 Goethe, Faust I.
8 Erzählt nach Martin Buber 1963, 707.
9 J. E. S. Thompson 1975, 454.
10 Eugen Drewermann 1977, 88 ff. (101).
11 Eugen Drewermann / Ingritt Neuhaus ^{2}1984, 23.
12 Günter Eich 1955: Wiedergegeben ist die erste Strophe des Gedichts „Ende eines Sommers".
13 M.-L. von Franz, Der Individuationsprozeß, in: C. G. Jung 1968, 161.
14 Zit. n. Lutz Schwäbisch / Martin Siems ^{5}1981, 134.
15 Hanscarl Leuner ^{3}1982, 54 ff.
16 Zur Bedeutung des Brunnens als Traumsymbol vgl. Günter Harnisch 1985, 144.
17 Knaurs Märchenbücher, Märchen der Brüder Grimm, 1937, 150.
18 Märchen aus der Südsee, erzählt von Vladimír Reis, ^{2}1977, 60–66.
19 Hans Magnus Enzensberger, an alle Fernsprechteilnehmer, aus: Landessprache, 1960, 28 f.

LITERATUR

Bechsteins Märchen in der Bearbeitung von L. Schäfer, Wuppertal o.J.
Betz, F.: Märchen als Schlüssel zur Welt, Lahr, München ²1978.
Buber, Martin: Der Weg des Menschen nach der chassidischen Lehre, Heidelberg ⁸1981.
Buber, Martin: Die Erzählungen der Chassidim, in: Werke, Bd. III, Schriften zum Chassidismus, München 1963.
Drewermann, Eugen/Neuhaus, Ingritt: Schneeweißchen und Rosenrot. Grimms Märchen tiefenpsychologisch gedeutet, Olten und Freiburg i.B. ²1984.
Drewermann, Eugen: Strukturen des Bösen, Teil 2. Die jahwistische Urgeschichte in psychoanalytischer Sicht, München, Paderborn, Wien 1977.
Eich, Günter: Botschaften des Regens, Frankfurt a.M. 1955.
Enzenberger, Hans Magnus: Landessprache, Frankfurt a.M. 1960.
Harnisch, Günter: Träume lösen Lebenskrisen, Anleitungen zur Traumarbeit mit Kindern, Freiburg i.B. 1985.
Harnisch, Günter: Vertrau dich deinen Träumen an, Tagträume als Lebenshilfe, Freiburg i.B. 1986.
Jacoby, Mario: Sehnsucht nach dem Paradies. Tiefenpsychologische Umkreisung eines Urbildes, Fellbach 1980.
Jung, C. G. (u.a.): Der Mensch und seine Symbole, Olten 1968.
Jung, C. G.: Symbole der Wandlung, Ges. Werke, Bd. V, Olten und Freiburg i.B. 1973.
Knaurs Märchenbücher: Märchen der Brüder Grimm, München, Zürich 1937.
Leuner, Hanscarl: Katathymes Bilderleben, Grundstufe. Einführung in die Psychotherapie mit der Tagtraumtechnik. Ein Seminar, Stuttgart, New York ³1982.
Reis, Vladimír: Märchen aus der Südsee, Hanau ²1977.
Schwäbisch, Lutz/Siems, Martin: Selbstentfaltung durch Meditation, Reinbek bei Hamburg ⁵1981.
Thompson, J. E. S.: Die Maya. Aufstieg und Niedergang einer Indianerkultur, Essen 1975.

Geburtstagsparty

Die Herderbücherei wird 30 Jahre alt

1987 feiert die Herderbücherei einen runden Geburtstag. Sie wird 30 Jahre alt. Mehr als 1500 Taschenbücher sind inzwischen bei Herder erschienen, etwa 700 Autoren waren daran direkt beteiligt; denn eine Besonderheit des Freiburger Taschenbuchverlages ist es, daß er fast nur Originalveröffentlichungen herausbringt. Diese Unabhängigkeit vom üblichen Lizenzpoker verschafft der Redaktion einen beträchtlichen Gestaltungsspielraum. Die Manuskripte werden nicht als Fertigware eingekauft, sondern entstehen im Gespräch mit den Lektoren. So kann, Band für Band, ein unverwechselbares Reihenprofil entstehen.

Gepflegt werden die Sachgebiete Psychologie und Lebenshilfe, Religion und Meditation, Lebenserinnerungen und Zeitgeschehen, Humor und Unterhaltung, Anthologien und Weisheitslehren. Seit einigen Jahren verfolgt man mit großer Aufmerksamkeit den Versuch, das technokratische Denken zu überwinden und auch die Wissenschaften für eine tiefere Wirklichkeit aufzuschließen. Die Ergebnisse dieser sogenannten New-Age-Bewegung will die Herderbücherei künftig unter der bezeichnenden Marke „Zeit-Wende-Zeit" vermitteln. Diese Marke bringt eine Grundüberzeugung der Redaktion zum Ausdruck: Es ist höchste Zeit, umdenken zu lernen, wenn die Erde auf Dauer bewohnbar bleiben soll.

Das Christentum ist von dieser Forderung nicht ausgenommen. Daß sie mehrfach und kontrovers in dem angekündigten Jubiläumsprogramm vorkommt, verwundert daher nicht. Während Eugen Biser, im Grunde positiv, von einer sich anbahnenden „Glaubenswende" spricht, vergleicht Oskar Köhler die Situation mit der Erfahrung des Petrus, der auf dem See Gennesareth zu versinken beginnt und nur durch den Herrn gerettet wird. Auf Allensbacher Langzeitbeobachtungen fußend, fragt Renate Köcher nach den Überlebenschancen eines Glaubens ohne Kirche. Doch will die Herderbücherei auch auf hoffnungsvolle Zeichen aufmerksam machen. wozu man gewiß das beginnende Gespräch mit den Weltreligionen zählen darf. Auf diesem Gebiet hat der Freiburger

Taschenbuchverlag mit den „Texten zum Nachdenken", mit der Serie „Antwort der Weltreligionen" und mit kompetenten Einführungsbänden Pionierarbeit geleistet.

Einen großen Durchbruch erlebte die Herderbücherei auf dem Gebiet der Bibliotherapie. Überzeugt von der „Heilkraft des Lesens", entwickelte die Redaktion inzwischen ein Programm von über 100 Taschenbüchern, die in den verschiedenen Lebenskrisen, von der Depression bis zum Nachbarschaftskonflikt, Rat und Hilfe anbieten. Täglich eingehende Leserbriefe bestätigen dem Verlag, daß man mit dieser psychologischen Aufklärungsarbeit viele Probleme im Vorfeld seelischer Erkrankungen lösen kann. Natürlich kommen nur Therapeuten zu Wort, die aus langjähriger Beratungserfahrung schreiben.

Informationen aus erster Hand bekommt der Leser auch in den zeitgeschichtlichen Publikationen. Weimarer Republik, Drittes Reich, Weltkrieg, Widerstand, Exil, Besatzung, Wiederaufbau – in Augenzeugenberichten möchte die Redaktion diese Schlüsselerfahrungen festhalten und weitergeben, damit die kommenden Generationen nicht noch einmal Lehrgeld zahlen müssen. Auf dem Höhepunkt der kulturrevolutionären Auseinandersetzungen in Deutschland gründete Gerd-Klaus Kaltenbrunner das Taschenbuchmagazin INITIATIVE. Es hat wesentlich dazu beigetragen, daß inzwischen auch konservative Positionen diskussionswürdig und konsensfähig geworden sind.

Natürlich lebt ein Taschenbuchverlag nicht nur von programmatisch-anspruchsvoller Literatur. Unterhaltsames kommt nicht zu kurz. 1987 wollten die Herderbücherei-Autoren die Humorecke nicht ihren professionellen Kollegen wie Heilwig von der Mehden und Heinrich Lützeler alleine überlassen. So kann der Verlag für den Mai einen Jubiläumsband ankündigen, in dem Therapeuten und Theologen, prominente Zeitgenossen und ernsthafte Wissenschaftler über die schönsten Augenblicke ihres Lebens berichten, „Von heiteren Tagen" (Nr. 1361). Eine Geburtstagsparade, auf die man gespannt sein darf. Und noch ein Jubiläums-Angebot hat die Redaktion angekündigt: eine preisgünstige Taschenbuch-Ausgabe des „Lexikon der Psychologie", die Neuausgabe des vielbenutzten Dreibänders.

Günter Harnisch

Träume lösen Lebenskrisen

Anleitungen zur Traumarbeit mit Kindern

Band 1204, 192 Seiten

Die Traumdeutung eröffnet Eltern und Erziehern wichtige Informationen über Erziehungschancen und -hemmungen ihrer Kinder. Dieses Taschenbuch gibt ganz konkrete Anregungen für die Traumarbeit in der Familie, die auch erheblich zum wechselseitigen Verständnis beiträgt. Am Schluß findet der Leser ein Lexikon der wichtigsten Traumsymbole.

Günter Harnisch

Vertrau dich deinen Träumen an

Tagträume als Lebenshilfe

Band 1311, 128 Seiten

Tagträumer sind keine Tagdiebe, im Gegenteil: sie beherrschen die Kunst, Weisungen der Seele auch im wachen Zustand zu empfangen. Mit seiner Methode der „gelenkten Tagträume" hat der Autor schon vielen zu einer gelockerten, freieren Lebenseinstellung verholfen. Hier gibt er seine Erfahrungen weiter.